LA

FOLLE JOURNÉE,

OU

LE MARIAGE DE FIGARO.

Cet Ouvrage se trouve,

A Versailles, ... chez BLAIZOT, libraire du roi.

A Bordeaux, ... chez les frères LABOTTIERE.

A Lille, ... chez J. J. JACQUEZ.

A Grenoble, ... chez BRETTE.

A Bayonne, ... chez FAUVET DU HARD.

A Bruxelles, ... chez DUJARDIN.

A Nantes, ... chez DESPILLY.

A Rennes, ... chez ROBIQUET, l'aîné.

A Nîmes, ... chez GAUDE et compagnie.

A Montpellier, . . . chez RIGAUD, PONS et compagnie.

A Châlons-sur-Saône, chez DE LIVANI.

A Angers, ... chez PAVIE, libr.-impr. du roi.

Et chez les principaux libraires des autres villes du royaume.

AVIS DE L'EDITEUR.

PAR un abus punissable, on a envoyé à Amsterdam un prétendu manuscrit de cette pièce, tiré de mémoire et défiguré, plein de lacunes, de contre-sens et d'absurdités. On l'a imprimé et vendu en y mettant le nom de M. *de Beaumarchais.* Des comédiens de province se sont permis de donner et représenter cette production, comme l'ouvrage de l'auteur : il n'a manqué à tous ces gens de bien que d'être loués dans quelques feuilles périodiques.

LA
FOLLE JOURNÉE,
OU
LE MARIAGE DE FIGARO,
COMÉDIE
EN CINQ ACTES, EN PROSE.

PAR M. DE BEAUMARCHAIS.

Représentée pour la première fois, par les Comédiens français ordinaires du Roi, le mardi 27 avril 1784.

En faveur du badinage,
Faites grace à la raison. *Vaud. de la pièce.*

DE L'IMPRIMERIE DE LA SOCIÉTÉ LITTÉRAIRE-TYPOGRAPHIQUE;

Et se trouve à Paris,

Chez RUAULT, libraire, au Palais-Royal, près le théâtre, n° 216.

1785.

PREFACE.

En écrivant cette préface, mon but n'est pas de rechercher oiseusement si j'ai mis au théâtre une pièce bonne ou mauvaise : il n'est plus temps pour moi ; mais d'examiner scrupuleusement, et je le dois toujours, si j'ai fait une œuvre blâmable.

Personne n'étant tenu de faire une comédie qui ressemble aux autres ; si je me suis écarté d'un chemin trop battu, pour des raisons qui m'ont paru solides, ira-t-on me juger, comme l'ont fait MM. tels, sur des règles qui ne sont pas les miennes ? imprimer puérilement que je reporte l'art à son enfance, parce que j'entreprends de frayer un nouveau sentier à cet art dont la loi première, et peut-être la seule, est d'amuser en instruisant ? Mais ce n'est pas de cela qu'il s'agit.

Il y a souvent très-loin du mal que l'on dit d'un ouvrage à celui qu'on en pense. Le trait qui nous poursuit, le mot qui importune reste enseveli dans le cœur, pendant que la bouche se venge en blâmant presque tout le reste. De sorte qu'on peut regarder comme un point établi au théâtre, qu'en fait de reproche à l'auteur, ce qui nous affecte le plus est ce dont on parle le moins.

Il est peut-être utile de dévoiler aux yeux de tous ce double aspect des comédies, et j'aurai fait encore un bon usage de la mienne, si je parviens en la scrutant à fixer l'opinion publique sur ce qu'on doit entendre par ces mots : Qu'est-ce que LA DECENCE THEATRALE ?

A force de nous montrer délicats, fins connaiſſeurs, et d'affecter, comme jai dit autre part, l'hypocriſie de la décence auprès du relâchement des mœurs, nous devenons des êtres nuls, incapables de s'amuſer et de juger de ce qui leur convient : faut-il le dire enfin ? des bégueules raſſaſiées, qui ne ſavent plus ce qu'elles veulent, ni ce qu'elles doivent aimer ou rejeter. Déjà ces mots ſi rebattus, *bon ton*, *bonne compagnie*, toujours ajuſtés au niveau de chaque inſipide cotterie, et dont la latitude eſt ſi grande qu'on ne ſait où ils commencent et finiſſent, ont détruit la franche et vraie gaieté qui diſtinguait de tout autre le comique de notre nation.

Ajoutez-y le pédanteſque abus de ces autres grands mots *décence* et *bonnes mœurs*, qui donnent un air ſi important, ſi ſupérieur, que nos jugeurs de comédies ſeraient déſolés de n'avoir pas à les prononcer ſur toutes les pièces de théâtre, et vous connaîtrez à peu-près ce qui garote le génie ; intimide tous les auteurs, et porte un coup mortel à la vigueur de l'intrigue ; ſans laquelle il n'y a pourtant que du bel eſprit à la glace, et des comédies de quatre jours.

Enfin, pour dernier mal, tous les états de la ſociété ſont parvenus à ſe ſouſtraire à la cenſure dramatique : on ne pourrait mettre au théâtre *les Plaideurs* de *Racine* ; ſans entendre aujourd'hui les *Dandins* et les *Brid'oiſons*, même des gens plus éclairés, s'écrier qu'il n'y a plus ni mœurs, ni reſpect pour les magiſtrats.

On ne ferait point le *Turcaret* ſans avoir à l'inſtant ſur les bras, fermes, ſous-fermes, traites et gabelles, droits-réunis, tailles, taillons, le trop-plein, le trop-bu, tous les impositeurs royaux. Il est vrai qu'aujourd'hui *Turcaret* n'a plus de modèles. On l'offrirait sous d'autres traits, l'obstacle resterait le même.

On ne jouerait point *les Fâcheux*, *les Marquis*, *les Emprunteurs* de *Molière*, sans révolter à la fois la haute, la moyenne, la moderne et l'antique noblesse. Ses *Femmes savantes* irriteraient nos féminins bureaux d'esprit; mais quel calculateur peut évaluer la force et la longueur du levier qu'il faudrait, de nos jours, pour élever jusqu'au théâtre l'œuvre sublime du *Tartuffe*? Aussi l'auteur qui se compromet avec le public *pour l'amuser, ou pour l'instruire*, au lieu d'intriguer à son choix son ouvrage, est-il obligé de tourniller dans des incidens impossibles, de persifler au lieu de rire, et de prendre ses modèles hors de la société, crainte de se trouver mille ennemis, dont il ne connaissait aucun en composant son triste drame.

J'ai donc réfléchi que, si quelque homme courageux ne secouait pas toute cette poussière, bientôt l'ennui des pièces françaises porterait la nation au frivole opéra-comique, et plus loin encore, aux boulevards, à ce ramas infect de tréteaux élevés à notre honte, où la décente liberté, bannie du théâtre français, se change en une licence effrénée; où la jeunesse va se nourrir de grossières inepties, et perdre, avec ses mœurs, le goût de la décence et des chefs-d'œuvre de nos maîtres. J'ai tenté d'être cet homme, et si je n'ai pas mis plus de talent à mes ouvrages, au moins mon intention s'est-elle manifestée dans tous.

J'ai pensé, je pense encore, qu'on n'obtient ni grand pathétique, ni profonde moralité, ni bon et vrai comique au théâtre, sans des situations fortes, et qui naissent toujours d'une disconvenance sociale dans le sujet qu'on veut traiter. L'auteur tragique, hardi dans ses moyens, ose admettre le crime atroce; les conspirations, l'usurpation du trône, le meurtre, l'empoisonnement, l'inceste dans *Oedipe* et *Phèdre*; le fratricide dans *Vendôme*; le parricide dans *Mahomet*; le régicide dans *Machbet*, &c. &c. La comédie, moins audacieuse, n'excède pas les disconvenances, parce que ses tableaux sont tirés de nos mœurs; ses sujets, de la société. Mais comment frapper sur l'avarice, à moins de mettre en scène un méprisable avare? démasquer l'hypocrisie, sans montrer, comme *Orgon* dans le *Tartuffe*, un abominable hypocrite, *épousant sa fille, et convoitant sa femme?* un homme à bonnes fortunes, sans le faire parcourir un cercle entier de femmes galantes? un joueur effréné, sans l'envelopper de fripons, s'il ne l'est pas déjà lui-même?

Tous ces gens-là sont loin d'être vertueux: l'auteur ne les donne pas pour tels; il n'est le patron d'aucun d'eux; il est le peintre de leurs vices. Et parce que le lion est féroce, le loup vorace et glouton, le renard rusé, cauteleux, la fable est-elle sans moralité? Quand l'auteur la dirige contre un sot que la louange enivre, il fait choir du bec du corbeau le fromage dans la gueule du renard; sa moralité est remplie: s'il la tournait contre le bas flatteur, il finirait son apologue ainsi: *Le renard s'en saisit, le dévore; mais le fromage était empoisonné.* La fable est une comédie légère, et toute comédie n'est qu'un long apologue: leur différence eſt que dans la fable les animaux ont de l'eſprit ; et que dans notre comédie les hommes ſont ſouvent des bêtes, et qui pis eſt, des bêtes méchantes.

Ainſi, lorſque *Molière*, qui fut ſi tourmenté par les ſots, donne à l'*Avare* un fils prodigue et vicieux, qui lui vole ſa caſſette, et l'injurie en face ; eſt-ce des vertus ou des vices qu'il tire ſa moralité ? Que lui importent ces fantômes ? c'eſt vous qu'il entend corriger. Il eſt vrai que les afficheurs et balayeurs littéraires de ſon temps, ne manquèrent pas d'apprendre au bon public combien tout cela était horrible ! Il eſt auſſi prouvé que des envieux très-importans, ou des importans très-envieux ſe déchaînèrent contre lui. Voyez le ſévère *Boileau*, dans ſon épître au grand *Racine* ; venger ſon ami qui n'eſt plus, en rappelant ainſi les faits :

L'Ignorance et l'Erreur à ſes naiſſantes pièces,
En habits de marquis, en robes de comteſſes,
Venaient pour diffamer ſon chef-d'œuvre nouveau,
Et ſecouaient la tête à l'endroit le plus beau.
Le commandeur voulait la ſcène plus exacte ;
Le vicomte, indigné, ſortait au ſecond acte ;
L'un, défenſeur zélé des dévots mis en jeu,
Pour prix de ſes bons mots, le condamnait au feu ;
L'autre, *fougueux marquis*, lui déclarant la guerre,
Voulait venger la cour immolée au parterre.

On voit même dans un placet de *Molière* à *Louis XIV*, qui fut ſi grand en protégeant les arts, et ſans le goût éclairé duquel notre théâtre n'aurait pas un ſeul chef-d'œuvre de *Molière* ; on voit ce philoſophe auteur ſe plaindre amérement au roi, que pour avoir démasqué les hypocrites; ils imprimaient par-tout qu'il était *un libertin, un impie, un athée, un démon vêtu de chair habillé en homme*; et cela s'imprimait avec APPROBATION ET PRIVILEGE de ce roi qui le protégeait: rien là-dessus n'est empiré.

Mais, parce que les personnages d'une pièce s'y montrent sous des mœurs vicieuses, faut-il les bannir de la scène? Que poursuivrait-on au théâtre? les travers et les ridicules? cela vaut bien la peine d'écrire! ils sont chez nous comme les modes; on ne s'en corrige point, on en change.

Les vices, les abus, voilà ce qui ne change point; mais se déguise en mille formes sous le masque des mœurs dominantes: leur arracher ce masque et les montrer à découvert, telle est la noble tâche de l'homme qui se voue au théâtre. Soit qu'il moralise en riant, soit qu'il pleure en moralisant, Héraclite ou Démocrite, il n'a pas un autre devoir: malheur à lui s'il s'en écarte. On ne peut corriger les hommes qu'en les fesant voir tels qu'ils sont. La comédie utile et véridique n'est point un éloge menteur, un vain discours d'académie.

Mais gardons-nous bien de confondre cette critique générale, un des plus nobles buts de l'art, avec la satire odieuse et personnelle: l'avantage de la première est de corriger sans blesser. Faites prononcer au théâtre par l'homme juste, aigri de l'horrible abus des bienfaits: *Tous les hommes sont des ingrats*; quoique chacun soit bien près de penser comme lui, personne ne s'offensera. Ne pouvant y avoir un ingrat sans qu'il n'existe un bienfaiteur, ce reproche même établit une balance égale entre les bons et les mauvais cœurs; on le sent, et cela console. Que si l'humoriste répond *qu'un bienfaiteur fait cent ingrats;* on répliquera justement qu'*il n'y a peut-être pas un ingrat qui n'ait été plusieurs fois bienfaiteur:* cela console encore. Et c'est ainsi qu'en généralisant, la critique la plus amère porte du fruit sans nous blesser, quand la satire personnelle, aussi stérile que funeste, blesse toujours et ne produit jamais. Je hais par-tout cette dernière, et je la crois un si punissable abus, que j'ai plusieurs fois d'office invoqué la vigilance du magistrat pour empêcher que le théâtre ne devînt une arène de gladiateurs, où le puissant se crût en droit de faire exercer ses vengeances par les plumes vénales, et malheureusement trop communes, qui mettent leur bassesse à l'enchère.

N'ont-ils donc pas assez, ces grands, des mille et un feuillistes, feseurs de bulletins, afficheurs, pour y trier les plus mauvais, en choisir un bien lâche, et dénigrer qui les offusque? On tolère un si léger mal, parce qu'il est sans conséquence, et que la vermine éphémère démange un instant et périt; mais le théâtre est un géant, qui blesse à mort tout ce qu'il frappe. On doit réserver ces grands coups pour les abus et pour les maux publics.

Ce n'est donc ni le vice ni les incidens qu'il amène, qui font l'indécence théâtrale; mais le défaut de leçons et de moralité. Si l'auteur, ou faible ou timide, n'ose en tirer de son sujet, voilà ce qui rend sa pièce équivoque ou vicieuse.

Lorsque je mis *Eugénie* au théâtre, (et il faut bien que je me cite, puisque c'est toujours moi qu'on attaque) lorsque je mis *Eugénie* au théâtre, tous nos jurés-crieurs à la décence jetaient des flammes dans les foyers, sur ce que j'avais osé montrer un seigneur libertin, habillant ses valets en prêtres, et feignant d'épouser une jeune personne qui paraît enceinte au théâtre, sans avoir été mariée.

Malgré leurs cris, la pièce a été jugée, sinon le meilleur, au moins le plus moral des drames; constamment jouée sur tous les théâtres, et traduite dans toutes les langues. Les bons esprits ont vu que la moralité, que l'intérêt y naissaient entièrement de l'abus qu'un homme puissant et vicieux fait de son nom, de son crédit, pour tourmenter une faible fille, sans appui, trompée, vertueuse et délaissée. Ainsi tout ce que l'ouvrage a d'utile et de bon, naît du courage qu'eut l'auteur d'oser porter la disconvenance sociale au plus haut point de liberté.

Depuis, j'ai fait *les Deux Amis*, pièce dans laquelle un père avoue à sa prétendue nièce qu'elle est sa fille illégitime: ce drame est aussi très-moral; parce qu'à travers les sacrifices de la plus parfaite amitié, l'auteur s'attache à y montrer les devoirs qu'impose la nature sur les fruits d'un ancien amour, que la rigoureuse dureté des convenances sociales, ou plutôt leur abus, laisse trop souvent sans appui.

Entre autres critiques de la pièce, j'entendis dans une loge, auprès de celle que j'occupais, un jeune *important* de la cour, qui disait gaiement à des dames: » L'auteur,

„ sans doute, est un garçon fripier, qui ne voit rien „ de plus élevé que des commis des fermes et des „ marchands d'étoffes ; et c'est au fond d'un magasin „ qu'il va chercher les nobles amis qu'il traduit à la „ scène française. „ Hélas! Monsieur, lui dis-je, en m'avançant, il a fallu du moins les prendre où il n'est pas impossible de les supposer ; vous ririez bien plus de l'auteur, s'il eût tiré deux vrais amis de l'œil de bœuf ou des carrosses ? Il faut un peu de vraisemblance, même dans les actes vertueux.

Me livrant à mon gai caractère, j'ai depuis tenté, dans *le Barbier de Séville*, de ramener au théâtre l'ancienne et franche gaieté, en l'alliant avec le ton léger de notre plaisanterie actuelle ; mais, comme cela même était une espèce de nouveauté, la pièce fut vivement poursuivie. Il semblait que j'eusse ébranlé l'Etat ; l'excès des précautions qu'on prit et des cris qu'on fit contre moi, décelait sur-tout la frayeur que certains vicieux de ce temps avaient de s'y voir démasqués. La pièce fut censurée quatre fois, cartonnée trois fois sur l'affiche, à l'instant d'être jouée, dénoncée même au parlement d'alors ; et moi, frappé de ce tumulte, je persistais à demander que le public restât le juge de ce que j'avais destiné à l'amusement du public.

Je l'obtins au bout de trois ans. Après les clameurs, les éloges ; et chacun me disait tout bas : Faites-nous donc des pièces de ce genre, puisqu'il n'y a plus que vous qui osiez rire en face.

Un auteur désolé par la cabale et les criards, mais qui voit sa pièce marcher, reprend courage ; et c'est ce que j'ai fait. Feu M. le prince de *Conti*, de patriotique mémoire, (car, en frappant l'air de son nom, l'on sent vibrer le vieux mot *patrie*) feu M. le prince de *Conti*, donc, me porta le défi public de mettre au théâtre ma préface du *Barbier*, plus gaie, disait-il, que la pièce, et d'y montrer la famille de *Figaro* que j'indiquais dans cette préface. Monseigneur, lui répondis-je, si je mettais une seconde fois ce caractère sur la scène, comme je le montrerais plus âgé, qu'il en saurait quelque peu davantage, ce serait bien un autre bruit; et qui sait s'il verrait le jour! Cependant, par respect j'acceptai le défi; je composai cette *Folle Journée*, qui cause aujourd'hui la rumeur. Il daigna la voir le premier. C'était un homme d'un grand caractère, un prince auguste, un esprit noble et fier: le dirai-je? il en fut content.

Mais quel piége, hélas! j'ai tendu au jugement de nos critiques, en appelant ma comédie du vain nom de *Folle Journée*! Mon objet était bien de lui ôter quelqu'importance; mais je ne savais pas encore à quel point un changement d'annonce peut égarer tous les esprits. En lui laissant son véritable titre, on eût lu *l'Epoux suborneur*. C'était pour eux une autre piste; on me courait différemment; mais ce nom de *Folle Journée* les a mis à cent lieues de moi: ils n'ont plus rien vu dans l'ouvrage que ce qui n'y sera jamais; et cette remarque un peu sévère, sur la facilité de prendre le change, a plus d'étendue qu'on ne croit. Au lieu du nom de *Georges Dandin*, si *Molière* eût appelé son drame *la Sottise des alliances*, il eût porté bien plus de fruit;

si *Regnard* eût nommé son *Légataire, la Punition du célibat*, la pièce nous eût fait frémir, Ce à quoi il ne songea pas, je l'ai fait avec réflexion. Mais qu'on ferait un beau chapitre sur tous les jugemens des hommes et la morale du théâtre, et qu'on pourrait intituler : *De l'influence de l'Affiche !*

Quoi qu'il en soit, *la Folle Journée* resta cinq ans au porte-feuille ; les comédiens ont su que je l'avais ; ils me l'ont enfin arrachée, S'ils ont bien ou mal fait pour eux, c'est ce qu'on a pu voir depuis. Soit que la difficulté de la rendre excitât leur émulation ; soit qu'ils sentissent avec le public que pour lui plaire en comédie, il fallait de nouveaux efforts, jamais pièce aussi difficile n'a été jouée avec autant d'ensemble ; et si l'auteur (comme on le dit) est resté au-dessous de lui-même, il n'y a pas un seul acteur dont cet ouvrage n'ait établi, augmenté, ou confirmé la réputation, Mais revenons à sa lecture, à l'adoption des comédiens.

Sur l'éloge outré qu'ils en firent, toutes les sociétés voulurent le connaître, et dès-lors il fallut me faire des querelles de toute espèce, ou céder aux instances universelles. Dès-lors aussi les grands ennemis de l'auteur ne manquèrent pas de répandre à la cour qu'il blessait dans cet ouvrage, d'ailleurs *un tissu de bêtises*, la religion, le gouvernement, tous les états de la société, les bonnes mœurs, et qu'enfin la vertu y était opprimée, et le vice triomphant, *comme de raison*, ajoutait-on. Si les graves Messieurs qui l'ont tant répété, me font l'honneur de lire cette préface, ils y verront au moins que j'ai cité bien juste ; et la bourgeoise intégrité que je mets à mes citations, n'en fera que mieux ressortir la noble infidélité des leurs.

Ainsi, dans *le Barbier de Séville*, je n'avais qu'ébranlé l'Etat ; dans ce nouvel essai, plus infâme et plus séditieux, je le renversais de fond en comble. Il n'y avait plus rien de sacré si l'on permettait cet ouvrage. On abusait l'autorité par les plus insidieux rapports ; on cabalait auprès des corps puissans ; on alarmait les dames timorées ; on me fesait des ennemis sur le prie-dieu des oratoires : et moi, selon les hommes et les lieux, je repoussais la basse intrigue par mon excessive patience, par la roideur de mon respect, l'obstination de ma docilité, par la raison, quand on voulait l'entendre.

Ce combat a duré quatre ans. Ajoutez-les aux cinq du porte-feuille ; que reste-t-il des allusions qu'on s'efforce à voir dans l'ouvrage ? Hélas ! quand il fut composé, tout ce qui fleurit aujourd'hui n'avait pas même encore germé : c'était tout un autre univers.

Pendant ces quatre ans de débat, je ne demandais qu'un censeur ; on m'en accorda cinq ou six. Que virent-ils dans l'ouvrage, objet d'un tel déchaînement ? la plus badine des intrigues. Un grand seigneur espagnol, amoureux d'une jeune fille qu'il veut séduire, et les efforts que cette fiancée, celui qu'elle doit épouser, et la femme du seigneur réunissent, pour faire échouer dans son dessein un maître absolu, que son rang, sa fortune et sa prodigalité rendent tout puissant pour l'accomplir. Voilà tout, rien de plus. La pièce est sous vos yeux.

D'où

D'où naissaient donc ces cris perçans ? De ce qu'au lieu de poursuivre un seul caractère vicieux, comme le Joueur, l'Ambitieux, l'Avare ou l'Hypocrite, ce qui ne lui eût mis sur les bras qu'une seule classe d'ennemis; l'auteur a profité d'une composition légère, ou plutôt a formé son plan de façon à y faire entrer la critique d'une foule d'abus qui désolent la société. Mais comme ce n'est pas-là ce qui gâte un ouvrage aux yeux du censeur éclairé, tous, en l'approuvant, l'ont réclamé pour le théâtre. Il a donc fallu l'y souffrir: alors les grands du monde ont vu jouer avec scandale,

Cette pièce où l'on peint un insolent valet,
Disputant sans pudeur son épouse à son maître.

M. Gudin.

Oh ! que j'ai de regret de n'avoir pas fait de ce sujet moral une tragédie bien sanguinaire ! Mettant un poignard à la main de l'époux outragé, que je n'aurais pas nommé *Figaro*, dans sa jalouse fureur je lui aurais fait noblement poignarder le puissant vicieux; et comme il aurait vengé son honneur dans des vers quarrés, bien ronflans, et que mon jaloux, tout au moins général d'armée, aurait eu pour rival quelque tyran bien horrible et régnant au plus mal sur un peuple désolé; tout cela très-loin de nos mœurs, n'aurait, je crois, blessé personne; on eût crié *bravo ! ouvrage bien moral !* Nous étions sauvés, moi et mon *Figaro* sauvage.

Mais, ne voulant qu'amuser nos Français, et non faire ruisseler les larmes de leurs épouses, de mon coupable amant j'ai fait un jeune seigneur de ce temps-là, prodigue, assez galant, même un peu libertin, à peu-près comme les autres seigneurs de ce temps-là. Mais qu'oserait-on dire au théâtre d'un seigneur, sans les offenser tous, sinon de lui reprocher son trop de galanterie? N'est-ce pas-là le défaut le moins contesté par eux-mêmes? J'en vois beaucoup d'ici rougir modestement, (et c'est un noble effort) en convenant que j'ai raison.

Voulant donc faire le mien coupable, j'ai eu le respect généreux de ne lui prêter aucun des vices du peuple. Direz-vous que je ne le pouvais pas, que c'eût été blesser toutes les vraisemblances? Concluez donc en faveur de ma pièce, puisqu'enfin je ne l'ai pas fait.

Le défaut même dont je l'accuse n'aurait produit aucun mouvement comique, si je ne lui avais gaiement opposé l'homme le plus dégourdi de sa nation, *le véritable Figaro*, qui, tout en défendant *Suzanne*, sa propriété, se moque des projets de son maître, et s'indigne très-plaisamment qu'il ose joûter de ruse avec lui, maître passé dans ce genre d'escrime.

Ainsi, d'une lutte assez vive entre l'abus de la puissance, l'oubli des principes, la prodigalité, l'occasion, tout ce que la séduction a de plus entraînant; et le feu, l'esprit, les ressources que l'infériorité piquée au jeu peut opposer à cette attaque, il naît dans ma pièce un jeu plaisant d'intrigue, où l'*époux suborneur*, contrarié, lassé, harrassé, toujours arrêté dans ses vues, est obligé trois fois dans cette journée de tomber aux pieds de sa femme, qui, bonne, indulgente et sensible, finit par lui pardonner : c'eſt ce qu'elles font toujours. Qu'a donc cette moralité de blâmable, Meſſieurs ?

La trouvez-vous un peu badine pour le ton grave que je prends ? accueillez-en une plus ſévère qui bleſſe vos yeux dans l'ouvrage, quoique vous ne l'y cherchiez pas : c'eſt qu'un ſeigneur aſſez vicieux pour vouloir proſtituer à ſes caprices tout ce qui lui eſt ſubordonné, pour ſe jouer, dans ſes domaines, de la pudicité de toutes ſes jeunes vaſſales, doit finir, comme celui-ci, par être la riſée de ſes valets. Et c'eſt ce que l'auteur a très-fortement prononcé, lorſqu'en fureur au cinquième acte, *Almaviva*, croyant confondre une femme infidelle, montre à ſon jardinier un cabinet en lui criant : *Entres-y toi, Antonio ; conduis devant ſon juge l'infame qui m'a déshonoré ;* et que celui-ci lui répond : *Il y a, parguenne, une bonne Providence ! Vous en avez tant fait dans le pays, qu'il faut bien auſſi qu'à votre tour !....*

Cette profonde moralité ſe fait ſentir dans tout l'ouvrage ; et s'il convenait à l'auteur de démontrer aux adverſaires qu'à travers ſa forte leçon il a porté la conſidération pour la dignité du coupable, plus loin qu'on ne devait l'attendre de la fermeté de ſon pinceau, je leur ferais remarquer que, croiſé dans tous ſes projets, le comte *Almaviva* ſe voit toujours humilié, ſans être jamais avili.

En effet, ſi la Comteſſe uſait de ruſe pour aveugler ſa jalouſie, dans le deſſein de le trahir ; devenue coupable elle-même, elle ne pourrait mettre à ſes pieds ſon époux, ſans le dégrader à nos yeux. La vicieuſe intention de l'épouſe briſant un lien reſpecté, l'on reprocherait justement à l'auteur d'avoir tracé des mœurs blâmables ; car nos jugemens sur les mœurs se rapportent toujours aux femmes : on n'estime pas assez les hommes pour tant exiger d'eux sur ce point délicat. Mais, loin qu'elle ait ce vil projet, ce qu'il y a de mieux établi dans l'ouvrage est que nul ne veut faire une tromperie au Comte, mais seulement l'empêcher d'en faire à tout le monde. C'est la pureté des motifs qui sauve ici les moyens du reproche ; et de cela seul, que la Comtesse ne veut que ramener son mari, toutes les confusions qu'il éprouve sont certainement très-morales ; aucune n'est avilissante.

Pour que cette vérité vous frappe davantage, l'auteur oppose à ce mari peu délicat la plus vertueuse des femmes par goût et par principes.

Abandonnée d'un époux trop aimé, quand l'expose-t-on à vos regards ? dans le moment critique où sa bienveillance pour un aimable enfant, son filleul, peut devenir un goût dangereux, si elle permet au ressentiment qui l'appuie de prendre trop d'empire sur elle. C'est pour faire mieux sortir l'amour vrai du devoir, que l'auteur la met un moment aux prises avec un goût naissant qui le combat. Oh ! combien on s'est étayé de ce léger mouvement dramatique, pour nous accuser d'indécence ! On accorde à la tragédie que toutes les reines, les princesses aient des passions bien allumées qu'elles combattent plus ou moins ; et l'on ne souffre pas que dans la comédie une femme ordinaire puisse lutter contre la moindre faiblesse. O grande *influence de l'affiche !* jugement sûr et conséquent ! avec la différence du genre, on blâme ici ce qu'on approuvait là. Et cependant en ces deux cas c'est toujours le même principe; point de vertu sans sacrifice.

J'ose en appeler à vous, jeunes infortunées, que votre malheur attache à des *Almaviva!* Distingueriez-vous toujours votre vertu de vos chagrins, si quelqu'intérêt importun, tendant trop à les dissiper, ne vous avertissait enfin qu'il est temps de combattre pour elle? Le chagrin de perdre un mari n'est pas ici ce qui nous touche; un regret aussi personnel est trop loin d'être une vertu! Ce qui nous plaît dans la Comtesse, c'est de la voir lutter franchement contre un goût naissant qu'elle blâme, et des ressentimens légitimes. Les efforts qu'elle fait alors pour ramener son infidèle époux, mettant dans le plus heureux jour les deux sacrifices pénibles de son goût et de sa colère, on n'a nul besoin d'y penser pour applaudir à son triomphe; elle est un modèle de vertu, l'exemple de son sexe, et l'amour du nôtre.

Si cette métaphysique de l'honnêteté des scènes, si ce principe avoué de toute décence théâtrale n'a point frappé nos juges à la représentation, c'est vainement que j'en étendrais ici le développement, les conséquences: un tribunal d'iniquité n'écoute point les défenses de l'accusé qu'il est chargé de perdre; et ma Comtesse n'est point traduite au parlement de la nation: c'est une commission qui la juge.

On a vu la légère esquisse de son aimable caractère dans la charmante pièce d'*Heureusement*. Le goût naissant que la jeune femme éprouve pour son petit cousin l'officier, n'y parut blâmable à perſonne, quoique la tournure des ſcènes pût laiſſer à penſer que la ſoirée eût fini d'autre manière, ſi l'époux ne fût pas rentré ; comme dit l'auteur, *heureuſement.* Heureuſement auſſi l'on n'avait pas le projet de calomnier cet auteur : chacun ſe livra de bonne foi à ce doux intérêt qu'inſpire une jeune femme honnête et ſenſible, qui réprime ſes premiers goûts : et notez que dans cette pièce l'époux ne paraît qu'un peu ſot ; dans la mienne, il eſt infidèle ; ma Comteſſe a plus de mérite.

Auſſi, dans l'ouvrage que je défends, le plus véritable intérêt ſe porte-t-il ſur la Comteſſe : le reſte eſt dans le même eſprit.

Pourquoi *Suzanne* la camariſte, ſpirituelle, adroite et rieuſe, a-t-elle auſſi le droit de nous intéreſſer ? C'eſt qu'attaquée par un ſéducteur puiſſant, avec plus d'avantage qu'il n'en faudrait pour vaincre une fille de ſon état, elle n'héſite pas à confier les intentions du Comte aux deux perſonnes les plus intéreſſées à bien ſurveiller ſa conduite, ſa maîtreſſe et ſon fiancé ; c'eſt que dans tout ſon rôle, preſque le plus long de la pièce, il n'y a pas une phraſe, un mot qui ne reſpire la ſageſſe et l'attachement à ſes devoirs : la ſeule ruſe qu'elle ſe permette eſt en faveur de ſa maîtreſſe, à qui ſon dévouement eſt cher, et dont tous les vœux ſont honnêtes.

Pourquoi, dans ſes libertés ſur ſon maître, *Figaro* m'amuſe-t-il au lieu de m'indigner ? C'eſt que, l'oppoſé des valets, il n'eſt pas, et vous le ſavez, le malhonnête homme de la pièce : en le voyant forcé par ſon état de repouſſer l'inſulte avec adreſſe, on lui pardonne tout, dès qu'on ſait qu'il ne ruſe avec ſon ſeigneur que pour garantir ce qu'il aime, et ſauver ſa propriété.

Donc, hors le Comte et ſes agens, chacun fait dans la pièce à peu-près ce qu'il doit. Si vous les croyez malhonnêtes, parce qu'ils diſent du mal les uns des autres, c'eſt une règle très-fautive. Voyez nos honnêtes gens du ſiècle; on paſſe la vie à ne faire autre choſe! Il eſt même tellement reçu de déchirer ſans pitié les abſens, que moi, qui les défends toujours, j'entends murmurer très-ſouvent: quel diable d'homme, et qu'il eſt contrariant! il dit du bien de tout le monde!

Eſt-ce mon Page enfin qui vous ſcandaliſe? et l'immoralité qu'on reproche au fond de l'ouvrage ſerait-elle dans l'acceſſoire? O cenſeurs délicats! beaux eſprits ſans fatigue! inquiſiteurs pour la morale, qui condamnez en un clin d'œil les réflexions de cinq années, ſoyez juſtes une fois, ſans tirer à conſéquence. Un enfant de treize ans, aux premiers battemens du cœur, cherchant tout, ſans rien démêler, idolâtre, ainſi qu'on l'eſt à cet âge heureux, d'un objet céleſte pour lui, dont le haſard fit ſa marraine, eſt-il un ſujet de ſcandale? Aimé de tout le monde au château, vif, eſpiégle et brûlant, comme tous les enfans ſpirituels, par ſon agitation extrême il dérange dix fois, ſans le vouloir, les coupables projets du Comte. Jeune adepte de la nature, tout ce qu'il voit a droit de l'agiter: peut-être il n'eſt plus un enfant; mais il n'eſt pas encore un homme: et c'eſt le moment que j'ai choiſi pour qu'il obtînt de l'intérêt, ſans forcer perſonne à rougir. Ce qu'il éprouve innocemment, il l'inſpire par-tout de même. Direz-vous qu'on l'aime d'amour? Cenſeurs! ce n'eſt pas-là le mot: vous êtes trop éclairés pour ignorer que l'amour, même le plus pur, a un motif intéreſſé : on ne l'aime donc pas encore ; on ſent qu'un jour on l'aimera. Et c'eſt ce que l'auteur a mis avec gaieté dans la bouche de *Suzanne*, quand elle dit à cet enfant : *Oh! dans trois ou quatre ans je prédis que vous ſerez le plus grand petit vaurien!.....*

Pour lui imprimer plus fortement le caractère de l'enfance, nous le feſons exprès tutoyer par *Figaro*. Suppoſez-lui deux ans de plus, quel valet dans le château prendrait ces libertés? Voyez-le à la fin de ſon rôle; à peine a-t-il un habit d'officier, qu'il porte la main à l'épée aux premières railleries du Comte ſur le quiproquo d'un ſoufflet. Il ſera fier, notre étourdi! mais c'eſt un enfant, rien de plus. N'ai-je pas vu nos dames dans les loges aimer mon Page à la folie? Que lui voulaient-elles? hélas! rien : c'était de l'intérêt auſſi; mais comme celui de la Comteſſe, un pur et naïf intérêt, un intérêt...... ſans intérêt.

Mais eſt-ce la perſonne du Page ou la conſcience du Seigneur qui fait le tourment du dernier, toutes les fois que l'auteur les condamne à ſe rencontrer dans la pièce? Fixez ce léger aperçu, il peut vous mettre ſur ſa voie; ou plutôt apprenez de lui que cet enfant n'eſt amené que pour ajouter à la moralité de l'ouvrage, en vous montrant que l'homme le plus abſolu chez lui, dès qu'il ſuit un projet coupable, peut être mis au déſeſpoir par l'être le moins important, par celui qui redoute le plus de ſe rencontrer ſur ſa route.

Quand mon Page aura dix-huit ans, avec le caractère vif et bouillant que je lui ai donné, je ferai coupable à mon tour, si je le montre sur la scène; mais à treize ans qu'inspire-t-il? quelque chose de sensible et doux, qui n'est ni amitié ni amour, et qui tient un peu de tous deux.

J'aurais de la peine à faire croire à l'innocence de ces impressions, si nous vivions dans un siècle moins chaste, dans un de ces siècles de calcul où, voulant tout prématuré, comme les fruits de leurs serres chaudes, les grands mariaient leurs enfans à douze ans, et fesaient plier la nature, la décence et le goût aux plus sordides convenances, en se hâtant surtout d'arracher de ces êtres non formés des enfans encore moins formables, dont le bonheur n'occupait personne, et qui n'étaient que le prétexte d'un certain trafic d'avantages qui n'avait nul rapport à eux, mais uniquement à leur nom. Heureusement nous en sommes bien loin; et le caractère de mon Page, sans conséquence pour lui-même, en a une relative au Comte que le moraliste aperçoit, mais qui n'a pas encore frappé le grand commun de nos jugeurs.

Ainsi, dans cet ouvrage chaque rôle important a quelque but moral. Le seul qui semble y déroger est le rôle de *Marceline.*

Coupable d'un ancien égarement dont son *Figaro* fut le fruit, elle devrait, dit-on, se voir au moins punie par la confusion de sa faute lorsqu'elle reconnaît son fils. L'auteur eût pu même en tirer une moralité plus profonde: dans les mœurs qu'il veut corriger, la faute d'une jeune fille séduite est celle des hommes et non la sienne. Pourquoi donc ne l'a-t-il pas fait ?

Il l'a fait, censeurs raisonnables ! étudiez la scène suivante qui fesait le nerf du troisième acte, et que les comédiens m'ont prié de retrancher, craignant qu'un morceau si sévère n'obscurcît la gaieté de l'action.

Quand *Molière* a bien humilié la coquette ou la coquine du *Misanthrope*, par la lecture publique de ses lettres à tous ses amans, il la laisse avilie sous les coups qu'il lui a portés ; il a raison ; qu'en ferait-il ? vicieuse par goût et par choix, veuve aguerrie, femme de cour, sans aucune excuse d'erreur, et fléau d'un fort honnête homme, il l'abandonne à nos mépris, et telle est sa moralité. Quant à moi, saisissant l'aveu naïf de *Marceline*, au moment de la reconnaissance, je montrais cette femme humiliée, et *Bartholo* qui la refuse, et *Figaro*, leur fils commun, dirigeant l'attention publique sur les vrais fauteurs du désordre où l'on entraîne sans pitié toutes les jeunes filles du peuple, douées d'une jolie figure.

Telle est la marche de la scène.

BRID'OISON.

(*Parlant de Figaro qui vient de reconnaître sa mère en Marceline.*)

C'est clair ; i-il ne l'épousera pas.

BARTHOLO.

Ni moi non plus.

MARCELINE.

Ni vous ! et votre fils ? vous m'aviez juré....

BARTHOLO.

J'étais fou. Si pareils souvenirs engageaient, on serait tenu d'épouser tout le monde.

BRID'OISON.

E-et, si l'on y regardait de si près, per-ersonne n'épouserait personne.

BARTHOLO.

Des fautes si connues! une jeunesse déplorable!

MARCELINE, *s'échauffant par degrés.*

Oui, déplorable, et plus qu'on ne croit! je n'entends pas nier mes fautes; ce jour les a trop bien prouvées! mais qu'il est dur de les expier après trente ans d'une vie modeste! j'étais née, moi, pour être sage, et je la suis devenue sitôt qu'on m'a permis d'user de ma raison. Mais dans l'âge des illusions, de l'inexpérience et des besoins, où les séducteurs nous assiégent, pendant que la misère nous poignarde, que peut opposer une enfant à tant d'ennemis rassemblés? Tel nous juge ici sévèrement, qui, peut-être, en sa vie a perdu dix infortunées!

FIGARO.

Les plus coupables sont les moins généreux; c'est la règle.

MARCELINE, *vivement.*

Hommes plus qu'ingrats, qui flétrissez par le mépris les jouets de vos passions, vos victimes! c'est vous qu'il faut punir des erreurs de notre jeunesse; vous et vos magistrats, si vains du droit de nous juger, et qui nous laissent enlever, par leur coupable négligence, tout honnête moyen de subsister. Est-il un seul état pour les malheureuſes filles? Elles avaient un droit naturel à toute la parure des femmes : on y laiſſe former mille ouvriers de l'autre ſexe.

FIGARO, *en colère.*

Ils font broder juſqu'aux ſoldats !

MARCELINE *exaltée.*

Dans les rangs mêmes plus élevés, les femmes n'obtiennent de vous qu'une conſidération dériſoire ; leurrées de reſpects apparens, dans une ſervitude réelle ; traitées en mineures pour nos biens, punies en majeures pour nos fautes ! ah ! ſous tous les aſpects, votre conduite avec nous fait horreur ou pitié !

FIGARO.

Elle a raiſon !

LE COMTE, *à part.*

Que trop raiſon !

BRID'OISON.

Elle a, mon-on Dieu, raiſon.

MARCELINE.

Mais que nous font, mon fils, les refus d'un homme injuſte ? ne regarde pas d'où tu viens, vois où tu vas ; cela ſeul importe à chacun. Dans quelques mois ta fiancée ne dépendra plus que d'elle-même ; elle t'acceptera, j'en réponds : vis entre une épouſe, une mère tendres, qui te chériront à qui mieux mieux. Sois indulgent pour elles, heureux pour toi, mon fils ; gai, libre, et bon pour tout le monde : il ne manquera rien à ta mère.

FIGARO.

Tu parles d'or, maman, et je me tiens à ton avis. Qu'on eſt ſot en effet ! il y a des mille mille ans que le monde roule; et dans cet océan de durée où j'ai par hasard attrapé quelques chétifs trente ans qui ne reviendront plus, j'irais me tourmenter pour savoir à qui je les dois! tant pis pour qui s'en inquiéte. Passer ainsi la vie à chamailler, c'est peser sur le collier sans relâche, comme les malheureux chevaux de la remonte des fleuves, qui ne reposent pas, même quand ils s'arrêtent, et qui tirent toujours quoiqu'ils cessent de marcher. Nous attendrons.

J'AI bien regretté ce morceau; et maintenant que la pièce est connue, si les comédiens avaient le courage de le restituer à ma prière, je pense que le public leur en saurait beaucoup de gré. Ils n'auraient plus même à répondre comme je fus forcé de le faire à certains censeurs du beau monde, qui me reprochaient à la lecture de les intéresser pour une femme de mauvaises mœurs. — Non, Messieurs, je n'en parle pas pour excuser ses mœurs, mais pour vous faire rougir des vôtres sur le point le plus destructeur de toute honnêteté publique; *la corruption des jeunes personnes*; et j'avais raison de le dire, que vous trouvez ma pièce trop gaie, parce qu'elle est souvent trop sévère. Il n'y a que façon de s'entendre.

— Mais votre *Figaro* est un soleil tournant, qui brûle, en jaillissant, les manchettes de tout le monde. — Tout le monde est exagéré. Qu'on me sache gré du moins s'il ne brûle pas aussi les doigts de ceux qui croient s'y reconnaître: au temps qui court on a beau jeu sur cette matière au théâtre. M'est-il permis de composer en auteur qui sort du collége, de toujours faire rire des enfans, ſans jamais rien dire à des hommes? Et ne devez-vous pas me paſſer un peu de morale, en faveur de ma gaieté, comme on paſſe aux Français un peu de folie en faveur de leur raiſon?

Si je n'ai verſé ſur nos ſottiſes qu'un peu de critique badine, ce n'eſt pas que je ne ſache en former de plus ſévères: quiconque a dit tout ce qu'il ſait dans ſon ouvrage, y a mis plus que moi dans le mien. Mais je garde une foule d'idées qui me preſſent pour un des ſujets les plus moraux du théâtre, aujourd'hui ſur mon chantier: *la Mère coupable;* et ſi le dégoût dont on m'abreuve me permet jamais de l'achever, mon projet étant d'y faire verſer des larmes à toutes les femmes ſenſibles, j'élèverai mon langage à la hauteur de mes ſituations; j'y prodiguerai les traits de la plus auſtère morale, et je tonnerai fortement ſur les vices que j'ai trop ménagés. Apprêtez-vous donc bien, Meſſieurs, à me tourmenter de nouveau; ma poitrine a déjà grondé; j'ai noirci beaucoup de papier au ſervice de votre colère.

Et vous, honnêtes indifférens, qui jouiſſez de tout ſans prendre parti ſur rien; jeunes perſonnes modeſtes et timides, qui vous plaiſez à ma *Folle Journée*, (et je n'entreprends ſa défenſe que pour juſtifier votre goût) lorſque vous verrez dans le monde un de ces hommes tranchans critiquer vaguement la pièce, tout blâmer ſans rien déſigner, ſurtout la trouver indécente; examinez bien cet homme-là; ſachez ſon rang, ſon état, ſon caractère; et vous connaîtrez ſur le champ le mot qui l'a bleſſé dans l'ouvrage.

On ſent bien que je ne parle pas de ces écumeurs littéraires, qui vendent leurs bulletins ou leurs affiches à tant de liards le paragraphe. Ceux-là, comme l'*abbé Bazile*, peuvent calomnier; *ils médiraient, qu'on ne les croirait pas.*

Je parle moins encore de ces libelliſtes honteux, qui n'ont trouvé d'autre moyen de ſatisfaire leur rage, l'aſſaſſinat étant trop dangereux, que de lancer du cintre de nos ſalles, des vers infames contre l'auteur, pendant que l'on jouait ſa pièce. Ils ſavent que je les connais: ſi j'avais eu deſſein de les nommer, ç'aurait été au miniſtère public; leur ſupplice eſt de l'avoir craint, il ſuffit à mon reſſentiment. Mais on n'imaginera jamais juſqu'où ils ont oſé élever les ſoupçons du public ſur une auſſi lâche épigramme! ſemblables à ces vils charlatans du Pont-neuf, qui, pour accréditer leurs drogues, farciſſent d'ordres, de cordons, le tableau qui leur ſert d'enſeigne.

Non, je cite nos importans, qui, bleſſés, on ne ſait pourquoi, des critiques ſemées dans l'ouvrage, ſe chargent d'en dire du mal, ſans ceſſer de venir aux noces.

C'eſt un plaiſir aſſez piquant de les voir d'en bas au ſpectacle, dans le très-plaiſant embarras de n'oſer montrer ni ſatisfaction ni colère; s'avançant ſur le bord des loges, prêts à ſe moquer de l'auteur, et ſe retirant auſſitôt pour céler un peu de grimace; emportés par un mot de la ſcène, et ſoudainement rembrunis par le pinceau du moraliſte; au plus léger trait de gaîté, jouer triſtement les étonnés, prendre un air gauche en fesant les pudiques, et regardant les femmes dans les yeux, comme pour leur reprocher de soutenir un tel scandale; puis, aux grands applaudissemens, lancer sur le public un regard méprisant, dont il est écrasé; toujours prêts à lui dire, comme ce courtisan dont parle *Molière*, lequel outré du succès de l'*Ecole des Femmes*, criait des balcons au public, *ris donc, public, ris donc!* En vérité c'est un plaisir, et j'en ai joui bien des fois.

Celui-là m'en rappelle un autre. Le premier jour de *la Folle Journée*, on s'échauffait dans le foyer (même d'honnêtes plébéïens) sur ce qu'ils nommaient spirituellement, *mon audace*. Un petit vieillard sec et brusque, impatienté de tous ces cris, frappe le plancher de sa canne, et dit en s'en allant: *Nos Français sont comme les enfans qui braillent quand on les éberne.* Il avait du sens ce vieillard, Peut-être on pouvait mieux parler; mais pour mieux penser, j'en défie.

Avec cette intention de tout blâmer, on conçoit que les traits les plus sensés ont été pris en mauvaise part. N'ai-je pas entendu vingt fois un murmure descendre des loges à cette réponse de *Figaro*:

LE COMTE.

Une réputation détestable!

FIGARO.

Et si je vaux mieux qu'elle; y a-t-il beaucoup de seigneurs qui puissent en dire autant?

Je dis, moi, qu'il n'y en a point; qu'il ne saurait y en avoir, à moins d'une exception bien rare. Un homme obſcur, ou peu connu, peut valoir mieux que ſa réputation, qui n'eſt que l'opinion d'autrui. Mais, de même qu'un ſot en place en paraît une fois plus ſot; parce qu'il ne peut plus rien cacher; de même un grand ſeigneur, l'homme élevé en dignités, que la fortune et ſa naiſſance ont placé ſur le grand théâtre, et qui, en entrant dans le monde, eut toutes les préventions pour lui, vaut preſque toujours moins que ſa réputation, s'il parvient à la rendre mauvaiſe. Une aſſertion ſi ſimple et ſi loin du ſarcaſme devait-elle exciter le murmure? ſi ſon application paraît fâcheuſe aux grands peu ſoigneux de leur gloire, en quel ſens fait-elle épigramme ſur ceux qui méritent nos reſpects? et quelle maxime plus juſte au théâtre peut ſervir de frein aux puiſſans, et tenir lieu de leçon à ceux qui n'en reçoivent point d'autres?

Non qu'il faille oublier, (a dit un écrivain ſévère; et je me plais à le citer, parce que je ſuis de ſon avis,) „ Non qu'il faille oublier, dit-il, ce qu'on doit aux „ rangs élevés; il eſt juſte au contraire que l'avantage „ de la naiſſance ſoit le moins conteſté de tous, parce „ que ce bienfait gratuit de l'hérédité, relatif aux „ exploits, vertus, ou qualités des aïeux de qui le „ reçut, ne peut aucunement bleſſer l'amour propre „ de ceux auxquels il fut refuſé: parce que, dans une „ monarchie, ſi l'on ôtait les rangs intermédiaires, il „ y aurait trop loin du monarque aux ſujets; bientôt „ on n'y verrait qu'un deſpote et des eſclaves: le main- „ tien d'une échelle graduée du laboureur au potentat „ intéreſſe également les hommes de tous les rangs, et

„ peut-être eſt le plus ferme appui de la conſtitution „ monarchique. „

Mais quel auteur parlait ainſi ? qui feſait cette profeſſion de foi ſur la nobleſſe, dont on me ſuppoſe ſi loin ? C'était PIERRE-AUGUSTIN CARON DE BEAUMARCHAIS plaidant par écrit au parlement d'Aix, en 1778, une grande et ſévère queſtion, qui décida bientôt de l'honneur d'un noble et du ſien. Dans l'ouvrage que je défends, on n'attaque point les États, mais les abus de chaque Etat : les gens ſeuls qui s'en rendent coupables ont intérêt à le trouver mauvais ; voilà les rumeurs expliquées : mais quoi donc, les abus ſont-ils devenus ſi ſacrés, qu'on n'en puiſſe attaquer aucun ſans lui trouver vingt défenſeurs ?

Un avocat célèbre, un magiſtrat reſpectable, iront-ils donc s'approprier le plaidoyer d'un *Bartholo*, le jugement d'un *Brid'oiſon* ? Ce mot de *Figaro*, ſur l'indigne abus des plaidoiries de nos jours, (*c'eſt dégrader le plus noble inſtitut*) a bien montré le cas que je fais du noble métier d'avocat ; et mon reſpect pour la magiſtrature ne ſera pas plus ſuſpecté, quand on ſaura dans quelle école j'en ai recherché la leçon, quand on lira le morceau ſuivant, auſſi tiré d'un moraliſte, lequel parlant des magiſtrats, s'exprime en ces termes formels :

„ Quel homme aiſé voudrait, pour le plus modique honoraire, faire le métier cruel de ſe lever „ à quatre heures, pour aller au palais tous les jours „ s'occuper, ſous des formes preſcrites, d'intérêts qui „ ne ſont jamais les ſiens ; d'éprouver ſans ceſſe l'ennui „ de l'importunité, le dégoût des ſollicitations, le

„ bavardage des plaideurs, la monotonie des audiences, „ la fatigue des délibérations, et la contention d'esprit „ nécessaire aux prononcés des arrêts, s'il ne se croyait „ pas payé de cette vie laborieuse et pénible, par l'estime „ et la considération publique? et cette estime est-elle „ autre chose qu'un jugement, qui n'est même aussi „ flatteur pour les bons magistrats, qu'en raison de „ sa rigueur excessive contre les mauvais? „

Mais quel écrivain m'instruisait ainsi par ses leçons? Vous allez croire encore que c'est PIERRE-AUGUSTIN; vous l'avez dit; c'est lui, en 1773, dans son quatrième mémoire, en défendant jusqu'à la mort sa triste existence attaquée par un soi-disant magistrat. Je respecte donc hautement ce que chacun doit honorer; et je blâme ce qui peut nuire.

— Mais dans cette *Folle Journée*, au lieu de sapper les abus, vous vous donnez des libertés très-répréhensibles au théâtre: votre monologue surtout, contient, sur les gens disgraciés, des traits qui passent la licence! — Eh! croyez-vous, Messieurs, que j'eusse un talisman pour tromper, séduire, enchaîner la censure et l'autorité, quand je leur soumis mon ouvrage? que je n'aye pas dû justifier ce que j'avais osé écrire? Que fais-je dire à *Figaro*, parlant à l'homme déplacé? *Que les sottises imprimées n'ont d'importance qu'aux lieux où l'on en gêne le cours.* Est-ce donc-là une vérité d'une conséquence dangereuse? Au lieu de ces inquisitions puériles et fatigantes, et qui seules donnent de l'importance à ce qui n'en aurait jamais; si, comme en Angleterre, on était assez sage ici pour traiter les sottises avec ce mépris qui les tue ; loin de sortir du vil fumier qui les enfante, elles y pourriraient en germant, et ne se propageraient point. Ce qui multiplie les libelles, est la faiblesse de les craindre : ce qui fait vendre les sottises, est la sottise de les défendre.

Et comment conclut *Figaro* ? *Que sans la liberté de blâmer, il n'est point d'éloge flatteur ; et qu'il n'y a que les petits hommes qui redoutent les petits écrits.* Sont-ce-là des hardiesses coupables, ou bien des aiguillons de gloire ; des moralités insidieuses, ou des maximes réfléchies, aussi justes qu'encourageantes ?

Supposez-les le fruit des souvenirs. Lorsque, satisfait du présent, l'auteur veille pour l'avenir, dans la critique du passé, qui peut avoir droit de s'en plaindre ? et si, ne désignant ni temps, ni lieu, ni personnes, il ouvre la voie, au théâtre, à des réformes désirables, n'est-ce pas aller à son but ?

La Folle Journée explique donc comment, dans un temps prospère, sous un roi juste et des ministres modérés, l'écrivain peut tonner sur les oppresseurs, sans craindre de blesser personne. C'est pendant le règne d'un bon prince qu'on écrit sans danger l'histoire des méchans rois ; et plus le gouvernement est sage, est éclairé, moins la liberté de dire est en presse : chacun y fesant son devoir, on n'y craint pas les allusions : nul homme en place ne redoutant ce qu'il est forcé d'estimer ; on n'affecte point alors d'opprimer chez nous cette même littérature, qui fait notre gloire au dehors, et nous y donne une sorte de primauté que nous ne pouvons tirer d'ailleurs.

En effet, à quel titre y prétendrions-nous? Chaque peuple tient à son culte et chérit son gouvernement. Nous ne sommes pas restés plus braves que ceux qui nous ont battus à leur tour. Nos mœurs plus douces, mais non meilleures, n'ont rien qui nous élève au-dessus d'eux. Notre littérature seule, estimée de toutes les nations, étend l'empire de la langue française, et nous obtient de l'Europe entière une prédilection avouée, qui justifie, en l'honorant, la protection que le gouvernement lui accorde.

Et comme chacun cherche toujours le seul avantage qui lui manque, c'est alors qu'on peut voir dans nos académies l'homme de la cour siéger avec les gens de lettres, les talens personnels, et la considération héritée, se disputer ce noble objet, et les archives académiques se remplir presque également de papiers et de parchemins.

Revenons à *la Folle Journée.*

Un Monsieur de beaucoup d'esprit, mais qui l'économise un peu trop, me disait un soir au spectacle: Expliquez-moi donc, je vous prie, pourquoi, dans votre pièce, on trouve autant de phrases négligées, qui ne sont pas de votre style? — De mon style, Monsieur? Si par malheur j'en avais un, je m'efforcerais de l'oublier quand je fais une comédie; ne connaissant rien d'insipide au théâtre comme ces fades camaïeux où tout est bleu, où tout est rose, où tout est l'auteur, quel qu'il soit.

Lorsque mon sujet me saisit, j'évoque tous mes personnages et les mets en situation: — Songe à toi, *Figaro*, ton maître va te deviner. — Sauvez-vous vîte, *Chérubin*; c'eſt le Comte que vous touchez. — Ah! Comteſſe, quelle imprudence avec un époux ſi violent! — Ce qu'ils diront, je n'en ſais rien; c'eſt ce qu'ils feront qui m'occupe. Puis, quand ils ſont bien animés, j'écris ſous leur dictée rapide, sûr qu'ils ne me tromperont pas, que je reconnaîtrai *Bazile*, lequel n'a pas l'eſprit de *Figaro* qui n'a pas le ton noble du Comte qui n'a pas la ſenſibilité de la Comteſſe qui n'a pas la gaieté de *Suzanne* qui n'a pas l'eſpiéglerie du Page, et ſurtout aucun d'eux la ſublimité de *Brid'oiſon*: chacun y parle ſon langage: eh! que le dieu du naturel les préſerve d'en parler d'autre! Ne nous attachons donc qu'à l'examen de leurs idées, et non à rechercher ſi j'ai dû leur prêter mon ſtyle.

Quelques malveillans ont voulu jeter de la défaveur ſur cette phraſe de *Figaro*: *Sommes-nous des ſoldats qui tuent et ſe ſont tuer pour des intérêts qu'ils ignorent? Je veux ſavoir; moi, pourquoi je me fâche?* A travers le nuage d'une conception indigeſte, ils ont feint d'apercevoir, *que je répands une lumière décourageante ſur l'état pénible du ſoldat; et il y a des choſes qu'il ne faut jamais dire.* Voilà dans toute ſa force l'argument de la méchanceté; reſte à en prouver la bêtiſe.

Si, comparant la dureté du ſervice à la modicité de la paye, ou diſcutant tel autre inconvénient de la guerre, et comptant la gloire pour rien, je verſais de la défaveur ſur ce plus noble des affreux métiers, on me demanderait juſtement compte d'un mot indiſcrètement échappé; mais, du ſoldat au colonel, au général excluſivement, quel imbécille homme de guerre a jamais eu la prétention qu'il dût pénétrer les ſecrets du cabinet, pour leſquels il fait la campagne? C'eſt de cela ſeul qu'il s'agit dans la phraſe de *Figaro*. Que ce fou-là ſe montre; s'il exiſte; nous l'enverrons étudier ſous le philoſophe *Babouc*, lequel éclaircit diſertement ce point de diſcipline militaire.

En raiſonnant ſur l'uſage que l'homme fait de ſa liberté dans les occaſions difficiles, *Figaro* pouvait également oppoſer à ſa ſituation tout état qui exige une obéiſſance implicite; et le cénobite zélé, dont le devoir eſt de tout croire, ſans jamais rien examiner; comme le guerrier valeureux, dont la gloire eſt de tout affronter ſur des ordres non motivés, *de tuer et ſe faire tuer pour des intérêts qu'il ignore*. Le mot de *Figaro* ne dit donc rien, ſinon qu'un homme libre de ſes actions doit agir ſur d'autres principes que ceux dont le devoir eſt d'obéir aveuglément.

Qu'aurait-ce été, bon Dieu! ſi j'avais fait uſage d'un mot qu'on attribue au *Grand Condé*, et que j'entends louer à outrance, par ces mêmes logiciens qui déraiſonnent ſur ma phraſe? A les croire, le *Grand Condé* montra la plus noble préſence d'eſprit, lorſqu'arrêtant *Louis XIV*, prêt à pouſſer ſon cheval dans le Rhin; il dit à ce monarque: *Sire, avez-vous beſoin du bâton de maréchal?*

Heureuſement on ne prouve nulle part que ce grand homme ait dit cette grande ſottiſe. C'eût été dire au roi devant toute ſon armée: Vous moquez-vous donc, Sire, de vous expoſer dans un fleuve? Pour courir de pareils dangers, il faut avoir besoin d'avancement ou de fortune !

Ainsi l'homme le plus vaillant, le plus grand général du siècle aurait compté pour rien l'honneur, le patriotisme et la gloire ! un misérable calcul d'intérêt eût été, selon lui, le seul principe de la bravoure ! il eût dit là un affreux mot ! et si j'en avais pris le sens, pour l'enfermer dans quelque trait, je mériterais le reproche qu'on fait gratuitement au mien.

Laissons donc les cerveaux fumeux louer ou blâmer au hasard, sans se rendre compte de rien ; s'extasier sur une sottise, qui n'a pu jamais être dite, et proscrire un mot juste et simple, qui ne montre que du bon sens.

Un autre reproche assez fort, mais dont je n'ai pu me laver, est d'avoir assigné pour retraite à la Comtesse un certain couvent d'*Ursulines*. *Ursulines !* a dit un seigneur joignant les mains avec éclat. *Ursulines !* a dit une dame en se renversant de surprise sur un jeune anglais de sa loge. *Ursulines !* ah ! Milord ! si vous entendiez le français !.... Je sens, je sens beaucoup, Madame, dit le jeune homme en rougissant. — C'est qu'on n'a jamais mis au théâtre aucune femme aux *Ursulines !* Abbé, parlez-nous donc ! l'Abbé, (toujours appuyée sur l'anglais) comment trouvez-vous *Ursulines ?* Fort indécent, répond l'abbé, sans cesser de lorgner *Suzanne ;* et tout le beau monde a répété : *Ursulines est fort indécent.* Pauvre auteur ! on te croit jugé, quand chacun songe à son affaire. En vain j'essayais d'établir que, dans l'événement de la scène, moins la Comtesse a dessein de se cloîtrer, plus elle doit le feindre, et faire croire à son époux que sa retraite est bien choisie : ils ont proscrit mes *Ursulines !* . . . .

Dans le plus fort de la rumeur, moi, bon homme, j'avais été jusqu'à prier une des actrices, qui font le charme de ma pièce, de demander aux mécontens à quel autre couvent de filles ils estimaient qu'il fût *décent* que l'on fît entrer la Comtesse ? A moi, cela m'était égal ; je l'aurais mise où l'on aurait voulu ; aux *Augustines*, aux *Célestines*, aux *Clairettes*, aux *Visitandines*, même aux *petites Cordelières*, tant je tiens peu aux *Ursulines !* Mais on agit si durement ! . . . . . .

Enfin, le bruit croissant toujours ; pour arranger l'affaire avec douceur, j'ai laissé le mot *Ursulines* à la place où je l'avais mis : chacun alors content de soi, de tout l'esprit qu'il avait montré, s'est apaisé sur *Ursulines*, et l'on a parlé d'autre chose. . . . . !

Je ne suis point, comme l'on voit, l'ennemi de mes ennemis. En disant bien du mal de moi ils n'en ont point fait à ma pièce ; et s'ils sentaient seulement autant de joie à la déchirer que j'eus de plaisir à la faire, il n'y aurait personne d'affligé. Le malheur est qu'ils ne rient point ; et ils ne rient point à ma pièce, parce qu'on ne rit point à la leur. Je connais plusieurs amateurs, qui sont même beaucoup maigris depuis le succès du *Mariage* ; excusons donc l'effet de leur colère.

A des moralités d'ensemble et de détail, répandues dans les flots d'une inaltérable gaieté ; à un dialogue assez vif, dont la facilité nous cache le travail, si l'auteur a joint une intrigue aisément filée, où l'art se dérobe sous l'art, qui se noue et se dénoue sans cesse, à travers une foule de ſituations comiques, de tableaux piquans et variés qui ſoutiennent, ſans la fatiguer, l'attention du public pendant les trois heures et demie que dure le même ſpectacle; (eſſai que nul homme de lettres n'avait encore oſé tenter!) que reſtait-il à faire à de pauvres méchans que tout cela irrite? attaquer, pourſuivre l'auteur par des injures verbales, manuſcrites, imprimées: c'eſt ce qu'on a fait ſans relâche. Ils ont même épuiſé juſqu'à la calomnie, pour tâcher de me perdre dans l'eſprit de tout ce qui influe en France ſur le repos d'un citoyen. Heureuſement que mon ouvrage eſt ſous les yeux de la nation, qui depuis dix grands mois le voit, le juge et l'apprécie. Le laiſſer jouer tant qu'il fera plaiſir, eſt la ſeule vengeance que je me ſois permiſe. Je n'écris point ceci pour les lecteurs actuels: le récit d'un mal trop connu touche peu; mais dans quatre-vingts ans il portera ſon fruit. Les auteurs de ce temps-là compareront leur ſort au nôtre; et nos enfans ſauront à quel prix on pouvait amuſer leurs pères.

Allons au fait; ce n'eſt pas tout cela qui bleſſe. Le vrai motif qui ſe cache, et qui dans les replis du cœur produit tous les autres reproches, eſt renfermé dans ce quatrain:

> Pourquoi ce Figaro, qu'on va tant écouter,
> Eſt-il avec fureur déchiré par les ſots?
> *Recevoir, prendre et demander;*
> *Voilà le ſecret en trois mots.*

En effet, *Figaro* parlant du métier de courtiſan, le définit dans ces termes ſévères. Je ne puis le nier, je l'ai dit. Mais reviendrai-je sur ce point? Si c'est un mal, le remède serait pire : il faudrait poser méthodiquement ce que je n'ai fait qu'indiquer ; revenir à montrer qu'il n'y a point de synonyme en français, entre *l'homme de la cour*, *l'homme de cour*, *et le courtisan par métier*. . . . .

Il faudrait répéter qu'*homme de la cour* peint seulement un noble état ; qu'il s'entend de l'homme de qualité, vivant avec la noblesse et l'éclat que son rang lui impose ; que si cet *homme de la cour* aime le bien par goût, sans intérêt ; si, loin de jamais nuire à personne, il se fait estimer de ses maîtres, aimer de ses égaux, et respecter des autres; alors cette acception reçoit un nouveau lustre, et j'en connais plus d'un que je nommerais avec plaisir, s'il en était question. . . . .

Il faudrait montrer qu'*homme de cour*, en bon français, est moins l'énoncé d'un état que le résumé d'un caractère adroit, liant, mais réservé ; pressant la main de tout le monde en glissant chemin à travers ; menant finement son intrigue avec l'air de toujours servir ; ne se fesant point d'ennemis, mais donnant près d'un fossé, dans l'occasion, de l'épaule au meilleur ami, pour assurer sa chûte et le remplacer sur la crête; laissant à part tout préjugé qui pourrait ralentir sa marche ; souriant à ce qui lui déplaît, et critiquant ce qu'il approuve, selon les hommes qui l'écoutent ; dans les liaisons utiles de sa femme ou de sa maîtresse, ne voyant que ce qu'il doit voir ; enfin. . . .

Prenant tout, pour le faire court,
En véritable *homme de cour*.

LA FONTAINE.

Cette acception n'eſt pas auſſi défavorable que celle du *courtiſan par métier;* et c'eſt l'homme dont parle *Figaro.*

Mais quand j'étendrais la définition de ce dernier; quand, parcourant tous les poſſibles, je le montrerais avec ſon maintien équivoque, haut et bas à la fois; rampant avec orgueil; ayant toutes les prétentions ſans en juſtifier une; ſe donnant l'air du *protégement* pour ſe faire chef de parti; dénigrant tous les concurrens qui balanceraient ſon crédit; feſant un métier lucratif de ce qui ne devrait qu'honorer; vendant ſes maîtreſſes à ſon maître, lui feſant payer ſes plaiſirs, &c. &c. et quatre pages d'&c. il faudrait toujours revenir au diſtique de *Figaro. Recevoir, prendre et demander; voilà le ſecret en trois mots.*

Pour ceux-ci, je n'en connais point; il y en eût, dit-on, ſous *Henri III*, ſous d'autres rois encore; mais c'eſt l'affaire de l'hiſtorien; et quant à moi, je ſuis d'avis que les vicieux du ſiècle en ſont comme les ſaints; qu'il faut cent ans pour les canoniſer. Mais puiſque j'ai promis la critique de ma pièce, il faut enfin que je la donne.

En général ſon grand défaut eſt *que je ne l'ai point faite en obſervant le monde; qu'elle ne peint rien de ce qui exiſte, et ne rappelle jamais l'image de la ſociété où l'on vit; que ſes mœurs baſſes et corrompues n'ont pas même le mérite d'être vraies.* Et c'eſt ce qu'on liſait dernièrement dans un beau diſcours imprimé, compoſé par un homme de bien, auquel il n'a manqué qu'un peu d'eſprit pour être un écrivain médiocre. Mais médiocre ou non, moi qui ne fis jamais usage de cette allure oblique et torse avec laquelle un sbire, qui n'a pas l'air de vous regarder, vous donne du stilet au flanc, je suis de l'avis de celui-ci. Je conviens qu'à la vérité la génération passée ressemblait beaucoup à ma pièce, que la génération future lui ressemblera beaucoup aussi, mais que pour la génération présente elle ne lui ressemble aucunement; que je n'ai jamais rencontré ni mari suborneur, ni seigneur libertin, ni courtisan avide, ni juge ignorant ou passionné, ni avocat injuriant, ni gens médiocres avancés, ni traducteur bassement jaloux; et que si des ames pures, qui ne s'y reconnaissent point du tout, s'irritent contre ma pièce et la déchirent sans relâche, c'est uniquement par respect pour leurs grands-pères, et sensibilité pour leurs petits-enfans. J'espère, après cette déclaration, qu'on me laissera bien tranquille; ET J'AI FINI.

CARACTERES ET HABILLEMENS DE LA PIECE.

LE COMTE ALMAVIVA doit être joué très-noblement, mais avec grace et liberté. La corruption du cœur ne doit rien ôter au *bon ton* de ses manières. Dans les mœurs *de ce temps-là*, les grands traitaient en badinant toute entreprise sur les femmes. Ce rôle est d'autant plus pénible à bien rendre, que le personnage est toujours sacrifié; mais joué par un comédien excellent, (M. *Molé*) il a fait ressortir tous les rôles, et assuré le succès de la pièce.

Son vêtement du premier et second actes est un habit de chasse, avec des bottines à mi-jambe, de l'ancien costume espagnol. Du troisième acte jusqu'à la fin, un habit superbe de ce costume.

LA COMTESSE, agitée de deux sentimens contraires, ne doit montrer qu'une sensibilité réprimée, ou une colère très-modérée; rien surtout qui dégrade aux yeux du spectateur son caractère aimable et vertueux. Ce rôle, un des plus difficiles de la pièce, a fait infiniment d'honneur au grand talent de mademoiselle *Saint-Val*, cadette.

Son vêtement du premier, ſecond et quatrième actes, eſt une lévite commode, et nul ornement ſur la tête; elle eſt chez elle et cenſée incommodée. Au cinquième acte, elle a l'habillement et la haute coiffure de *Suzanne*.

FIGARO. L'on ne peut trop recommander à l'acteur qui jouera ce rôle de bien ſe pénétrer de ſon eſprit, comme l'a fait M. *Dazincourt*. S'il y voyait autre choſe que de la raiſon aſſaiſonnée de gaieté et de ſaillies, ſurtout s'il y mettait la moindre charge, il avilirait un rôle que le premier comique du théâtre, M. *Préville*, a jugé devoir honorer le talent de tout comédien qui ſaurait en ſaiſir les nuances multipliées, et pourrait s'élever à ſon entière conception.

Son vêtement comme dans le *Barbier de Séville*.

SUZANNE. Jeune perſonne adroite, ſpirituelle et rieuſe, mais non de cette gaieté preſqu'effrontée de nos ſoubrettes corruptrices: ſon joli caractère eſt deſſiné dans la préface, et c'eſt-là que l'actrice qui n'a point vu mademoiſelle *Contat* doit l'étudier pour le bien rendre.

Son vêtement des quatre premiers actes eſt un juſte blanc à baſquines, très-élégant, la jupe de même, avec une toque, appelée depuis par nos marchandes, *à la Suzanne*. Dans la fête du quatrième acte, le Comte lui poſe ſur la tête une toque à long voile, à hautes plumes et à rubans blancs. Elle porte, au cinquième acte, la lévite de ſa maîtreſſe, et nul ornement ſur la tête.

MARCELINE eſt une femme d'eſprit, née un peu vive, mais dont les fautes et l'expérience ont réformé le caractère. Si l'actrice qui le joue s'élève avec une fierté bien placée, à la hauteur très-morale qui ſuit la reconnaiſſance du troiſième acte, elle ajoutera beaucoup à l'intérêt de l'ouvrage.

Son vêtement eſt celui des duègnes eſpagnoles, d'une couleur modeſte, un bonnet noir ſur la tête.

ANTONIO ne doit montrer qu'une demi-ivreſſe, qui ſe diſſipe par degrés, de ſorte qu'au cinquième acte on n'en aperçoive preſque plus.

Son vêtement eſt celui d'un payſan eſpagnol, où les manches pendent par derrière; un chapeau et des ſouliers blancs.

FANCHETTE eſt une enfant de douze ans, très-naïve. Son petit habit eſt un juſte brun avec des gances et des boutons d'argent, la jupe de couleur tranchante, et une toque noire à plumes ſur la tête. Il ſera celui des autres payſannes de la noce.

CHERUBIN. Ce rôle ne peut être joué, comme il l'a été, que par une jeune et très-jolie femme; nous n'avons point à nos théâtres de très-jeune homme aſſez formé pour en bien ſentir les fineſſes. Timide à l'excès devant la Comteſſe, ailleurs un charmant poliſſon, un déſir inquiet et vague eſt le fond de ſon caractère. Il s'élance à la puberté, mais ſans

projet,

projet, sans connaissances, et tout entier à chaque événement : enfin il est ce que toute mère, au fond du cœur, voudrait peut-être que fût son fils, quoiqu'elle dût beaucoup en souffrir.

Son riche vêtement aux premier et second actes, est celui d'un page de cour espagnole, blanc et brodé d'argent, le léger manteau bleu sur l'épaule, et un chapeau chargé de plumes. Au quatrième acte, il a le corset, la jupe et la toque des jeunes paysannes qui l'amènent. Au cinquième acte, un habit uniforme d'officier, une cocarde et une épée.

BARTHOLO. Le caractère et l'habit comme dans le *Barbier de Séville*; il n'est ici qu'un rôle secondaire.

BAZILE. Caractère et vêtement comme dans le *Barbier de Séville*. Il n'est aussi qu'un rôle secondaire.

BRID'OISON doit avoir cette bonne et franche assurance des bêtes qui n'ont plus leur timidité. Son bégaiement n'est qu'une grace de plus, qui doit à peine être sentie; et l'acteur se tromperait lourdement, et jouerait à contre-sens, s'il y cherchait le plaisant de son rôle. Il est tout entier dans l'opposition de la gravité de son état au ridicule du caractère; et moins l'acteur le chargera, plus il montrera de vrai talent.

Son habit est une robe de juge espagnol, moins ample que celle de nos procureurs, presque une soutane : une grosse perruque, une gonille ou rabat espagnol au col, et une longue baguette blanche à la main.

DOUBLE-MAIN. Vêtu comme le juge, mais la baguette blanche plus courte.

L'HUISSIER OU ALGUAZIL. Habit, manteau, épée de *Crispin*, mais portée à son côté sans ceinture de cuir; point de bottines, une chaussure noire, une perruque blanche naissante et longue à mille boucles, une courte baguette blanche.

GRIPE-SOLEIL. Habit de paysan, les manches pendantes, veste de couleur tranchée, chapeau blanc.

UNE JEUNE BERGERE. Son vêtement comme celui de *Fanchette*.

PEDRILLE. En veste, gilet, ceinture, fouet et bottes de poste, une résille sur la tête, chapeau de courrier.

PERSONNAGES MUETS. Les uns en habit de juges, d'autres en habits de paysans, les autres en habits de livrée.

Placement des acteurs.

POUR faciliter les jeux du théâtre, on a eu l'attention d'écrire, au commencement de chaque scène, le nom des personnages dans l'ordre où le spectateur les voit. S'ils font quelque mouvement grave dans la scène, il est désigné par un nouvel ordre de noms, écrit en marge à l'instant qu'il arrive. Il eſt important de conſerver les bonnes poſitions théâtrales ; le relâchement dans la tradition donnée par les premiers acteurs, en produit bientôt un total dans le jeu des pieces, qui finit par aſſimiler les troupes négligentes aux plus faibles comédiens de ſociété.

Lu et approuvé, le 25 janvier 1785.

Signé, BRET.

Vu l'approbation, permis d'imprimer, ce 31 janvier 1785.

Signé, LE NOIR.

LE

LE MARIAGE DE FIGARO.

PERSONNAGES.

LE COMTE ALMAVIVA, *grand-Corrégidor d'Andalousie.* . . . . M. Molé.

LA COMTESSE, *sa femme.* . . . . . . Mlle Saint-Val.

FIGARO, *valet-de-chambre du Comte, et concierge du château.* . . . . M. d'Azincourt.

SUZANNE, *première camariste de la Comtesse, et fiancée de Figaro.* . . . . Mlle Contat.

MARCELINE, *femme de charge.* . . . . . Mme Bellecourt; et ensuite Mlle la Chassaigne.

ANTONIO, *jardinier du château, oncle de Suzanne et père de Fanchette.* . . . . M. Belmont.

FANCHETTE, *fille d'Antonio.* . . . . . Mlle Laurent.

CHERUBIN, *premier page du Comte.* . . . . Mlle Olivier.

BARTHOLO, *médecin de Séville.* . . . . M. Desessarts.

BAZILE, *maître de clavecin de la Comtesse.* . . . M. Vanhove.

DON GUSMAN BRID'OISON, *lieutenant du siége.* . . . . M. Préville. et ensuite M. Dugazon.

DOUBLEMAIN, *greffier, secrétaire de don Gusman.* M. Marsy.

UN HUISSIER-AUDIENCIER. . . . M. la Rochelle;

GRIPPE-SOLEIL, *jeune pastoureau.* . . . M. Champville.

UNE JEUNE BERGERE. . . . . . Mlle Dantier.

PEDRILLE, *piqueur du Comte.* . . . . . M. Florence.

PERSONNAGES MUETS.

TROUPE DE VALETS.

TROUPE DE PAYSANNES.

TROUPE DE PAYSANS.

La scène est au château d'Aguas-Frescas, à trois lieues de Séville.

Mariage de Figaro. Acte Ier

Dessiné par St Quentin ancien Pensionaire du Roy — Gravé par Lienard

Ce tour-ci vaut l'autre.

LA FOLLE JOURNÉE, OU LE MARIAGE DE FIGARO.

ACTE PREMIER.

Le théâtre représente une chambre à demi démeublée : un grand fauteuil de malade est au milieu. Figaro, avec une toise mesure le plancher. Suzanne attache à sa tête, devant une glace, le petit bouquet de fleur d'orange, appelé chapeau de la mariée.

SCENE PREMIERE.

FIGARO, SUZANNE.

FIGARO.

DIX-NEUF pieds sur vingt-six.

SUZANNE.

Tiens, Figaro, voilà mon petit chapeau : le trouves-tu mieux ainsi ?

FIGARO *lui prend les mains.*

Sans comparaison, ma charmante. O ! que ce joli bouquet virginal, élevé sur la tête d'une belle fille, est doux le matin des noces à l'œil amoureux d'un époux ! ....

SUZANNE *se retire.*

Que mesures-tu donc là, mon fils?

FIGARO.

Je regarde, ma petite Suzanne, si ce beau lit que Monseigneur nous donne aura bonne grace ici.

SUZANNE.

Dans cette chambre?

FIGARO.

Il nous la cède.

SUZANNE.

Et moi je n'en veux point.

FIGARO.

Pourquoi?

SUZANNE.

Je n'en veux point.

FIGARO.

Mais encore?

SUZANNE.

Elle me déplaît.

FIGARO.

On dit une raison.

SUZANNE.

Si je n'en veux pas dire?

FIGARO.

O! quand elles sont sûres de nous!

SUZANNE.

Prouver que j'ai raison serait accorder que je puis avoir tort. Es-tu mon serviteur, ou non?

FIGARO.

Tu prends de l'humeur contre la chambre du château la plus commode, et qui tient le milieu des deux appartemens. La nuit, si Madame est incommodée elle sonnera de son côté; zeste, en deux pas, tu es chez elle. Monseigneur veut-il quelque chose? il n'a qu'à tinter du sien; crac, en trois sauts me voilà rendu.

SUZANNE.

Fort bien! mais quand il aura *tinté* le matin, pour te donner quelque bonne et longue commission; zeste, en deux pas il est à ma porte; et crac, en trois sauts......

FIGARO.

Qu'entendez-vous par ces paroles?

SUZANNE.

Il faudrait m'écouter tranquillement.

FIGARO.

Eh qu'est-ce qu'il y a? Bon dieu!

SUZANNE.

Il y a, mon ami, que las de courtiser les beautés des environs, monsieur le comte Almaviva veut rentrer au château, mais non pas chez sa femme; c'est sur la tienne, entends-tu, qu'il a jeté ses vues, auxquelles il espère que ce logement ne nuira pas. Et c'est ce que le loyal Bazile, honnête agent de ses plaisirs, et mon noble maître à chanter, me répete chaque jour en me donnant leçon.

FIGARO.

Bazile! ô mon mignon! si jamais volée de bois vert appliquée sur une échine a duement redressé la moelle épinière à quelqu'un.....

SUZANNE.

Tu croyais, bon garçon! que cette dot qu'on me donne était pour les beaux yeux de ton mérite?

FIGARO.

J'avais assez fait pour l'espérer.

SUZANNE.

Que les gens d'esprit sont bêtes!

FIGARO.

On le dit.

SUZANNE.

Mais c'est qu'on ne veut pas le croire.

FIGARO.

On a tort.

SUZANNE.

Apprends qu'il la destine à obtenir de moi, secrètement, certain quart-d'heure, seul à seule, qu'un ancien droit du seigneur...... Tu sais s'il était triste!

FIGARO.

Je le sais tellement que si monsieur le Comte en se mariant n'eût pas aboli ce droit honteux, jamais je ne t'eusse épousée dans ses domaines.

SUZANNE.

Hé bien! s'il l'a détruit, il s'en repent; et c'est de ta fiancée qu'il veut le racheter en secret aujourd'hui.

FIGARO *se frottant la tête.*

Ma tête s'amollit de surprise; et mon front fertilisé......

SUZANNE.

Ne le frotte donc pas!

FIGARO.

Quel danger?

SUZANNE *riant.*

S'il y venait un petit bouton ; des gens ſuperſtitieux.......

FIGARO.

Tu ris, friponne ! Ah ! s'il y avait moyen d'attrapper ce grand trompeur, de le faire donner dans un bon piége, et d'empocher ſon or !

SUZANNE.

De l'intrigue, et de l'argent ; te voilà dans ta ſphère.

FIGARO.

Ce n'eſt pas la honte qui me retient.

SUZANNE.

La crainte ?

FIGARO.

Ce n'eſt rien d'entreprendre une choſe dangereuſe ; mais d'échapper au péril en la menant à bien : car, d'entrer chez quelqu'un la nuit, de lui ſouffler ſa femme, et d'y recevoir cent coups de fouet pour la peine, il n'eſt rien plus aiſé ; mille ſots coquins l'ont fait. Mais .... (*on ſonne de l'intérieur.*)

SUZANNE.

Voilà Madame éveillée ; elle m'a bien recommandé d'être la première à lui parler le matin de mes noces.

FIGARO.

Y a-t-il encore quelque choſe là-deſſous ?

SUZANNE.

Le berger dit que cela porte bonheur aux épouſes délaiſſées. Adieu mon petit Fi, Fi, Figaro ; rêve à notre affaire.

FIGARO.

Pour m'ouvrir l'eſprit, donne un petit baiſer.

SUZANNE.

A mon amant aujourd'hui ? Je t'en ſouhaite ! Et qu'en dirait demain mon mari ?

Figaro l'embraſſe.

SUZANNE.

Eh bien ! eh bien !

FIGARO.

C'eſt que tu n'as pas d'idée de mon amour.

SUZANNE *ſe défrippant.*

Quand ceſſerez-vous, importun, de m'en parler du matin au ſoir ?

FIGARO *myſtérieuſement.*

Quand je pourrai te le prouver du ſoir juſqu'au matin. (*on ſonne une ſeconde fois.*)

SUZANNE *de loin, les doigts unis ſur ſa bouche.*

Voilà votre baiſer, Monſieur ; je n'ai plus rien à vous.

FIGARO *court après elle.*

O ! mais ce n'eſt pas ainſi que vous l'avez reçu.

SCENE II.

FIGARO *ſeul.*

LA charmante fille ! toujours riante, verdiſſante, pleine de gaieté, d'eſprit, d'amour et de délices ! mais ſage !..... (*il marche vivement en ſe frottant les mains.*) Ah, Monſeigneur ! mon cher Monſeigneur ! vous voulez m'en donner....... à garder ? Je cherchais auſſi pourquoi m'ayant nommé concierge, il m'emmène à ſon ambaſſade, et m'établit courrier de dépêches. J'entends, monſieur le

Comte : trois promotions à la fois ; vous, compagnon ministre ; moi, casse-cou politique, et Suzon, dame du lieu, l'ambassadrice de poche : et puis fouette courrier ! pendant que je galoperais d'un côté, vous feriez faire de l'autre à ma belle un joli chemin ! me crottant, m'échinant pour la gloire de votre famille ; vous, daignant concourir à l'accroissement de la mienne ! quelle douce réciprocité ! Mais, Monseigneur, il y a de l'abus. Faire à Londres en même-temps les affaires de votre maître et celles de votre valet ! représenter à la fois le roi et moi dans une cour étrangère ! c'est trop de moitié, c'est trop. — Pour toi, Bazile ! fripon mon cadet ! Je veux t'apprendre à clocher devant les boîteux ; je veux..... Non, dissimulons avec eux pour les enferrer l'un par l'autre. Attention sur la journée, monsieur Figaro ! D'abord avancer l'heure de votre petite fête, pour épouser plus surement : écarter une Marceline qui de vous est friande en diable : empocher l'or et les présens : donner le change aux petites passions de monsieur le Comte : étriller rondement monsieur du Bazile ; et.....

SCENE III.

MARCELINE, BARTHOLO, FIGARO.

FIGARO *s'interrompt.*

....HÉÉÉ, voilà le gros Docteur, la fête sera complète. Hé bon jour, cher Docteur de mon cœur. Est-ce ma noce avec Suzon qui vous attire au château ?

BARTHOLO *avec dédain.*

Ah, mon cher monsieur, point du tout.

FIGARO.

Cela ſerait bien généreux!

BARTHOLO.

Certainement, et par trop ſot.

FIGARO.

Moi qui eus le malheur de troubler la vôtre!

BARTHOLO.

Avez-vous autre choſe à nous dire?

FIGARO.

On n'aura pas pris ſoin de votre mule!

BARTHOLO *en colère.*

Bavard enragé! laiſſez-nous.

FIGARO.

Vous vous fâchez, Docteur? les gens de votre état ſont bien durs! pas plus de pitié des pauvres animaux.... en vérité.... que ſi c'était des hommes! Adieu, Marceline: avez-vous toujours envie de plaider contre moi?

Pour n'aimer pas, faut-il qu'on ſe haïſſe?

Je m'en rapporte au Docteur.

BARTHOLO.

Qu'eſt-ce que c'eſt?

FIGARO.

Elle vous le contera de reſte. (*il ſort.*)

SCENE IV.

MARCELINE, BARTHOLO.

BARTHOLO *le regarde aller.*

CE drôle est toujours le même! et à moins qu'on ne l'écorche vif, je prédis qu'il mourra dans la peau du plus fier insolent....

MARCELINE *le retourne.*

Enfin vous voilà donc, éternel Docteur? toujours si grave et compassé qu'on pourrait mourir en attendant vos secours, comme on s'est marié jadis malgré vos précautions.

BARTHOLO.

Toujours amère et provoquante! Hé bien, qui rend donc ma présence au château si nécessaire? Monsieur le Comte a-t-il eu quelque accident?

MARCELINE.

Non, Docteur.

BARTHOLO.

La Rosine, sa trompeuse comtesse, est-elle incommodée, dieu merci?

MARCELINE.

Elle languit.

BARTHOLO.

Et de quoi?

MARCELINE.

Son mari la néglige.

BARTHOLO *avec joie.*

Ah, le digne époux qui me venge!

MARCELINE.

On ne ſait comment définir le Comte ; il eſt jaloux et libertin.

BARTHOLO.

Libertin par ennui, jaloux par vanité : cela va ſans dire.

MARCELINE.

Aujourd'hui, par exemple, il marie notre Suzanne à ſon Figaro qu'il comble en faveur de cette union.....

BARTHOLO.

Que ſon Excellence a rendue néceſſaire !

MARCELINE.

Pas tout à fait ; mais dont ſon Excellence voudrait égayer en ſecret l'événement avec l'épouſée.....

BARTHOLO.

De monſieur Figaro ? c'eſt un marché qu'on peut conclure avec lui.

MARCELINE.

Bazile aſſure que non.

BARTHOLO.

Cet autre maraut loge ici ? C'eſt une caverne ! Eh qu'y fait-il ?

MARCELINE.

Tout le mal dont il eſt capable. Mais le pis que j'y trouve eſt cette ennuyeuſe paſſion qu'il a pour moi depuis ſi long-temps.

BARTHOLO.

Je me ſerais débarraſſé vingt fois de ſa pourſuite.

MARCELINE.

De quelle manière ?

BARTHOLO.

En l'époufant.

MARCELINE.

Railleur fade et cruel, que ne vous débarraffez-vous de la mienne à ce prix ? ne le devez-vous pas ? où est le fouvenir de vos engagemens ? qu'eft devenu celui de notre petit Emanuel, ce fruit d'un amour oublié, qui devait nous conduire à des noces ?

BARTHOLO *ôtant fon chapeau.*

Eft-ce pour écouter ces fornettes que vous m'avez fait venir de Séville ? Et cet accès d'hymen qui vous reprend fi vif. . . . .

MARCELINE.

Eh bien ! n'en parlons plus. Mais fi rien n'a pu vous porter à la juftice de m'époufer, aidez-moi donc du moins à en époufer un autre.

BARTHOLO.

Ah ! volontiers : parlons. Mais quel mortel abandonné du ciel et des femmes ? . . .

MARCELINE.

Eh ! qui pourrait-ce être, Docteur, finon le beau, le gai, l'aimable Figaro ?

BARTHOLO.

Ce fripon-là ?

MARCELINE.

Jamais fâché, toujours en belle humeur, donnant le préfent à la joie, et s'inquiétant de l'avenir tout auffi peu que du paffé ; femillant, généreux ! généreux. . . . .

BARTHOLO.

Comme un voleur.

MARCELINE.

Comme un ſeigneur. Charmant enfin ; mais c'eſt le plus grand monſtre !

BARTHOLO.

Et ſa Suzanne ?

MARCELINE.

Elle ne l'aurait pas la ruſée, ſi vous vouliez m'aider, mon petit Docteur, à faire valoir un engagement que j'ai de lui.

BARTHOLO.

Le jour de ſon mariage ?

MARCELINE.

On en rompt de plus avancés : et ſi je ne craignais d'éventer un petit ſecret des femmes !...

BARTHOLO.

En ont-elles pour le médecin du corps ?

MARCELINE.

Ah ! vous ſavez que je n'en ai pas pour vous. Mon ſexe eſt ardent, mais timide : un certain charme a beau nous attirer vers le plaiſir, la femme la plus aventurée ſent en elle une voix qui lui dit : ſois belle ſi tu peux, ſage ſi tu veux ; mais ſois conſidérée, il le faut. Or, puiſqu'il faut être au moins conſidérée ; que toute femme en ſent l'importance ; effrayons d'abord la Suzanne ſur la divulgation des offres qu'on lui fait.

BARTHOLO.

Où cela mènera-t-il ?

MARCELINE.

Que la honte la prenant au collet, elle continuera de refuſer le Comte, lequel pour ſe venger appuiera l'oppoſition que j'ai faite à ſon mariage : alors le mien devient certain.

BARTHOLO.

Elle a raiſon. Parbleu, c'eſt un bon tour que de faire épouſer ma vieille gouvernante au coquin qui fit enlever ma jeune maîtreſſe.

MARCELINE, *vîte.*

Et qui croit ajouter à ſes plaiſirs, en trompant mes eſpérances.

BARTHOLO, *vîte.*

Et qui m'a volé dans le temps cent écus que j'ai ſur le cœur.

MARCELINE.

Ah quelle volupté!....

BARTHOLO.

De punir un ſcélérat.....

MARCELINE.

De l'épouſer, Docteur, de l'épouſer!

SCENE V.

MARCELINE, BARTHOLO, SUZANNE.

SUZANNE, *un bonnet de femme avec un large ruban dans la main, une robe de femme ſur le bras.*

L'ÉPOUSER! l'épouſer! qui donc? mon Figaro?

MARCELINE, *aigrement.*

Pourquoi non? vous l'épouſez bien!

BARTHOLO, *riant.*

Le bon argument de femme en colère! nous parlions, belle Suzon, du bonheur qu'il aura de vous poſſéder.

MARCELINE.

Sans compter Monſeigneur dont on ne parle pas.

SUZANNE, *une révérence.*

Votre ſervante, Madame; il y a toujours quelque choſe d'amer dans vos propos.

MARCELINE, *une révérence.*

Bien la vôtre, Madame; où donc eſt l'amertume? n'eſt-il pas juſte qu'un libéral ſeigneur partage un peu la joie qu'il procure à ſes gens?

SUZANNE.

Qu'il procure?

MARCELINE.

Oui, Madame.

SUZANNE.

Heureuſement la jalouſie de Madame eſt auſſi connue, que ſes droits ſur Figaro ſont légers.

MARCELINE.

On eût pu les rendre plus forts, en les cimentant à la façon de Madame.

SUZANNE.

Oh cette façon, Madame, eſt celle des dames ſavantes.

MARCELINE.

Et l'enfant ne l'eſt pas du tout! Innocente comme un vieux juge!

BARTHOLO, *attirant Marceline.*

Adieu, jolie fiancée de notre Figaro.

MARCELINE, *une révérence.*

L'accordée ſecrète de Monſeigneur.

SUZANNE, *une révérence.*

Qui vous eſtime beaucoup, Madame.

MARCELINE,

MARCELINE, *une révérence.*

Me fera-t-elle auffi l'honneur de me chérir un peu, Madame?

SUZANNE, *une révérence.*

A cet égard Madame n'a rien à défirer.

MARCELINE, *une révérence.*

C'eft une fi jolie perfonne que Madame!

SUZANNE, *une révérence.*

Hé mais affez pour défoler Madame.

MARCELINE, *une révérence.*

Surtout bien refpectable!

SUZANNE, *une révérence.*

C'eft aux duègnes à l'être.

MARCELINE, *outrée.*

Aux duègnes! aux duègnes!

BARTHOLO, *l'arrêtant.*

Marceline!

MARCELINE.

Allons, Docteur; car je n'y tiendrais pas. Bon jour, Madame. (*une révérence.*)

SCENE VI.

SUZANNE *feule.*

ALLEZ, Madame! allez, pédante! je crains auffi peu vos efforts, que je méprife vos outrages. — Voyez cette vieille fibylle! parce qu'elle a fait quelques études et tourmenté la jeuneffe de Madame, elle veut tout dominer au château! (*elle jette la robe qu'elle tient fur une chaife.*) Je ne fais plus ce que je venais prendre.

SCENE VII.

SUZANNE, CHERUBIN.

CHERUBIN, *accourant.*

Ah, Suzon ! depuis deux heures j'épie le moment de te trouver seule. Hélas ! tu te maries, et moi je vais partir.

SUZANNE.

Comment mon mariage éloigne-t-il du château le premier Page de Monseigneur ?

CHERUBIN, *piteusement.*

Suzanne, il me renvoie.

SUZANNE *le contrefait.*

Chérubin, quelque sottise !

CHERUBIN.

Il m'a trouvé hier au soir chez ta cousine Fanchette à qui je fesais répéter son petit rôle d'innocente, pour la fête de ce soir : il s'est mis dans une fureur en me voyant ! —*sortez*, m'a-t-il dit, *petit*...... Je n'ose pas prononcer devant une femme le gros mot qu'il a dit : *sortez ; et demain vous ne coucherez pas au château.* Si Madame, si ma belle marraine ne parvient pas à l'apaiser ; c'est fait, Suzon, je suis à jamais privé du bonheur de te voir.

SUZANNE.

De me voir ! moi ? c'est mon tour ! ce n'est donc plus pour ma maîtresse que vous soupirez en secret ?

CHERUBIN.

Ah, Suzon, qu'elle est noble et belle ! mais qu'elle est imposante !

SUZANNE.

C'eſt-à-dire que je ne le ſuis pas, et qu'on peut oſer avec moi......

CHERUBIN.

Tu ſais trop bien, méchante, que je n'oſe pas oſer. Mais que tu es heureuſe! à tous momens la voir, lui parler, l'habiller le matin et la déshabiller le ſoir, épingle à épingle...... ah, Suzon! je donnerais...... Qu'eſt-ce que tu tiens donc là?

SUZANNE, *raillant.*

Hélas, l'heureux bonnet et le fortuné ruban qui renferment la nuit les cheveux de cette belle marraine....

CHERUBIN, *vivement.*

Son ruban de nuit! donne-le-moi, mon cœur.

SUZANNE, *le retirant.*

Hé que non pas. — *Son cœur!* Comme il eſt familier donc! ſi ce n'était pas un morveux ſans conſéquence.... (*Chérubin arrache le ruban.*) Ah, le ruban!

CHERUBIN *tourne autour du grand fauteuil.*

Tu diras qu'il eſt égaré, gâté; qu'il eſt perdu. Tu diras tout ce que tu voudras.

SUZANNE *tourne après lui.*

Oh! dans trois ou quatre ans, je prédis que vous ſerez le plus grand petit vaurien!.... Rendez-vous le ruban? (*elle veut le reprendre.*)

CHERUBIN *tire une romance de ſa poche.*

Laiſſe, ah, laiſſe-le-moi, Suzon; je te donnerai ma romance, et pendant que le ſouvenir de ta belle maîtreſſe attriſtera tous mes momens, le tien y verſera le ſeul rayon de joie qui puiſſe encore amuſer mon cœur.

SUZANNE *arrache la romance.*

Amuſer vôtre cœur, petit ſcélérat! vous croyez parler à vôtre Fanchette: on vous ſurprend chez elle; et vous ſoupirez pour Madame; et vous m'en contez à moi, par-deſſus le marché!

CHERUBIN *exalté.*

Cela eſt vrai, d'honneur! Je ne ſais plus ce que je ſuis; mais depuis quelque temps je ſens ma poitrine agitée; mon cœur palpite au ſeul aſpect d'une femme; les mots *amour* et *volupté* le font treſſaillir et le troublent. Enfin le beſoin de dire à quelqu'un *je vous aime*, eſt devenu pour moi ſi preſſant que je le dis tout ſeul, en courant dans le parc, à ta maîtreſſe, à toi, aux arbres, aux nuages, au vent qui les emporte avec mes paroles perdues. — Hier je rencontrai Marceline....

SUZANNE *riant.*

Ha, ha, ha, ha!

CHERUBIN.

Pourquoi non? elle eſt femme! elle eſt fille! une fille! une femme! ah que ces noms ſont doux! qu'ils ſont intéreſſans!

SUZANNE.

Il devient fou!

CHERUBIN.

Fanchette eſt douce; elle m'écoute au moins: tu ne l'es pas, toi!

SUZANNE.

C'eſt bien dommage; écoutez donc monſieur!

(*Elle veut arracher le ruban.*)

CHERUBIN *tourne en fuyant.*

Ah! ouiche! on ne l'aura, vois-tu, qu'avec ma vie. Mais si tu n'es pas contente du prix, j'y joindrai mille baisers.

(Il lui donne chasse à son tour.)

SUZANNE *tourne en fuyant.*

Mille soufflets si vous approchez. Je vais m'en plaindre à ma maîtresse; et loin de supplier pour vous, je dirai moi-même à Monseigneur: c'est bien fait, Monseigneur; chassez-nous ce petit voleur: renvoyez à ses parens un petit mauvais sujet qui se donne les airs d'aimer Madame, et qui veut toujours m'embrasser par contre-coup.

CHERUBIN *voit le Comte entrer; il se jette derrière le fauteuil avec effroi.*

Je suis perdu.

SUZANNE.

Quelle frayeur?

SCENE VIII.

SUZANNE, LE COMTE, CHERUBIN *caché.*

SUZANNE *aperçoit le Comte.*

AH!..... *(elle s'approche du fauteuil pour masquer Chérubin.)*

LE COMTE *s'avance.*

Tu es émue, Suzon! tu parlais seule, et ton petit cœur paraît dans une agitation!..... bien pardonnable, au reste, un jour comme celui-ci.

SUZANNE, *troublée.*

Monfeigneur, que me voulez-vous? Si l'on vous trouvait avéc moi......

LE COMTE.

Je ferais défolé qu'on m'y furprît; mais tu fais tout l'intérêt que je prends à toi. Bazile ne t'a pas laiffé ignorer mon amour. Je n'ai rien qu'un inftant pour t'expliquer mes vues: écoute. (*il s'affied dans le fauteuil.*)

SUZANNE, *vivement.*

Je n'écoute rien.

LE COMTE *lui prend la main.*

Un feul mot. Tu fais que le roi m'a nommé fon ambaffadeur à Londres. J'emmène avec moi Figaro; je lui donne un excellent pofte: et comme le devoir d'une femme eft de fuivre fon mari......

SUZANNE.

Ah, fi j'ofais parler!

LE COMTE *la rapproche de lui.*

Parle, parle, ma chère: ufe aujourd'hui d'un droit que tu prends fur moi pour la vie.

SUZANNE, *effrayée.*

Je n'en veux point, Monfeigneur, je n'en veux point. Quittez-moi, je vous prie.

LE COMTE.

Mais dis auparavant.

SUZANNE, *en colère.*

Je ne fais plus ce que je difais.

LE COMTE.

Sur le devoir des femmes.

SUZANNE.

Hé bien! lorſque Monſeigneur enleva la ſienne de chez le Docteur, et qu'il l'épouſa par amour; lorſqu'il abolit pour elle un certain affreux droit du ſeigneur.....

LE COMTE, *gaiement.*

Qui feſait bien de la peine aux filles! ah Suzette! Ce droit charmant! ſi tu venais en jaſer ſur la brune au jardin, je mettrais un tel prix à cette légère faveur....

BAZILE *parle en dehors.*

Il n'eſt pas chez lui, Monſeigneur.

LE COMTE *ſe lève.*

Quelle eſt cette voix?

SUZANNE.

Que je ſuis malheureuſe!

LE COMTE.

Sors, pour qu'on n'entre pas.

SUZANNE, *troublée.*

Que je vous laiſſe ici?

BAZILE *crie en dehors.*

Monſeigneur était chez Madame, il en eſt ſorti: je vais voir.

LE COMTE.

Et pas un lieu pour ſe cacher! ah! derrière ce fauteuil..... aſſez mal: mais renvoie-le bien vîte.

SUZANNE *lui barre le chemin, il la pouſſe doucement, elle recule, et ſe met ainſi entre lui et le petit Page; mais pendant que le Comte s'abaiſſe et prend ſa place, Chérubin tourne et ſe jette effrayé ſur le fauteuil à genoux, et s'y blottit. Suzanne prend la robe qu'elle apportait, en couvre le Page et ſe met devant le fauteuil.*

SCENE IX.

LE COMTE et CHERUBIN *cachés*, SUZANNE, BAZILE.

BAZILE.

N'AURIEZ-VOUS pas vu Monſeigneur, Mademoiſelle ?

SUZANNE, *bruſquement.*

Hé pourquoi l'aurais-je vu ? Laiſſez-moi.

BAZILE *s'approche.*

Si vous étiez plus raiſonnable, il n'y aurait rien d'étonnant à ma queſtion. C'eſt Figaro qui le cherche.

SUZANNE.

Il cherche donc l'homme qui lui veut le plus de mal après vous !

LE COMTE *à part.*

Voyons un peu comme il me ſert.

BAZILE.

Déſirer du bien à une femme, eſt-ce vouloir du mal à ſon mari ?

SUZANNE.

Non, dans vos affreux principes, agent de corruption.

BAZILE.

Que vous demande-t-on ici que vous n'alliez prodiguer à un autre ? Grace à la douce cérémonie, ce qu'on vous défendait hier, on vous le preſcrira demain.

SUZANNE.

Indigne !

BAZILE.

De toutes les choſes férieuſes, le mariage étant la plus bouffonne, j'avais penſé......

SUZANNE *outrée.*

Des horreurs. Qui vous permet d'entrer ici ?

BAZILE.

Là, là, mauvaiſe ! Dieu vous apaiſe ! il n'en ſera que ce que vous voulez : mais ne croyez pas non plus que je regarde monſieur Figaro comme l'obſtacle qui nuit à Monſeigneur ; et ſans le petit Page......

SUZANNE *timidement.*

Don Chérubin ?

BAZILE *la contrefait.*

Cherubino di amore, qui tourne autour de vous ſans ceſſe, et qui ce matin encore rôdait ici pour y entrer quand je vous ai quittée. Dites que cela n'eſt pas vrai ?

SUZANNE.

Quelle impoſture ! allez-vous-en, méchant homme !

BAZILE.

On eſt un méchant homme parce qu'on y voit clair. N'eſt-ce pas pour vous auſſi cette romance dont il fait myſtère ?

SUZANNE *en colère.*

Ah ! oui, pour moi !....

BAZILE.

A moins qu'il ne l'ait compoſée pour Madame ! En effet, quand il ſert à table on dit qu'il la regarde avec des yeux !.... mais peſte, qu'il ne s'y joue pas ; Monſeigneur eſt *brutal* ſur l'article.

SUZANNE *outrée.*

Et vous bien ſcélérat, d'aller ſemant de pareils bruits pour perdre un malheureux enfant tombé dans la diſgrace de ſon maître.

BAZILE.

L'ai-je inventé ? je le dis parce que tout le monde en parle.

LE COMTE *ſe lève.*

Comment, tout le monde en parle !

SUZANNE.

Chérubin *dans le fauteuil.* Le Comte Suzanne. Bazile.

Ah Ciel !

BAZILE.

Ha, ha !

LE COMTE.

Courez, Bazile, et qu'on le chaſſe.

BAZILE.

Ah, que je ſuis fâché d'être entré !

SUZANNE *troublée.*

Mon Dieu ! mon Dieu !

LE COMTE, *à Bazile.*

Elle eſt ſaiſie. Aſſéyons-la dans ce fauteuil.

SUZANNE *le repouſſe vivement.*

Je ne veux pas m'aſſeoir. Entrer ainſi librement, c'eſt indigne !

LE COMTE.

Nous ſommes deux avec toi, ma chère. Il n'y a plus le moindre danger.

BAZILE.

Moi je ſuis déſolé de m'être égayé ſur le Page puiſque vous l'entendiez : je n'en uſais ainſi que pour pénétrer ſes ſentimens, car au fond.....

LE COMTE.

Cinquante pistoles, un cheval, et qu'on le renvoie à ses parens.

BAZILE.

Monseigneur, pour un badinage?

LE COMTE.

Un petit libertin que j'ai surpris encore hier avec la fille du jardinier.

BAZILE.

Avec Fanchette?

LE COMTE.

Et dans sa chambre.

SUZANNE *outrée*.

Où Monseigneur avait sans doute affaire aussi!

LE COMTE *gaiement*.

J'en aime assez la remarque.

BAZILE.

Elle est d'un bon augure.

LE COMTE *gaiement*.

Mais non; j'allais chercher ton oncle Antonio mon ivrogne de jardinier, pour lui donner des ordres. Je frappe, on est long-temps à m'ouvrir; ta cousine a l'air empêtré; je prends un soupçon, je lui parle, et tout en causant j'examine. Il y avait derrière la porte une espèce de rideau, de porte-manteau, de je ne sais pas quoi qui couvrait des hardes; sans faire semblant de rien je vais doucement, doucement lever ce rideau, (*pour imiter le geste il lève la robe du fauteuil*) et je vois.... (*il aperçoit le Page.*) Ah!....

Suzanne. Chérubin *dans le fauteuil.* Le Comte Bazile.

BAZILE.

Ha, ha !

LE COMTE.

Ce tour-ci vaut l'autre.

BAZILE.

Encore mieux.

LE COMTE *à Suzanne.*

A merveilles, Mademoiselle : à peine fiancée vous faites de ces aprêts ? C'était pour recevoir mon Page que vous désiriez d'être seule ? Et vous, Monsieur, qui ne changez point de conduite ; il vous manquait de vous adresser, sans respect pour votre marraine, à sa première camariste, à la femme de votre ami ! mais je ne souffrirai pas que Figaro, qu'un homme que j'estime et que j'aime soit victime d'une pareille tromperie : était-il avec vous, Bazile ?

SUZANNE *outrée.*

Il n'y a tromperie ni victime ; il était là lorsque vous me parliez.

LE COMTE *emporté.*

Puisses-tu mentir en le disant ! son plus cruel ennemi n'oserait lui souhaiter ce malheur.

SUZANNE.

Il me priait d'engager Madame à vous demander sa grace. Votre arrivée l'a si fort troublé qu'il s'est masqué de ce fauteuil.

LE COMTE *en colère.*

Ruse d'enfer ! je m'y suis assis en entrant.

CHERUBIN.

Hélas, Monseigneur, j'étais tremblant derrière.

LE COMTE.

Autre fourberie ! je viens de m'y placer moi-même.

CHERUBIN.

Pardon, mais c'eſt alors que je me ſuis blotti dedans.

LE COMTE *plus outré.*

C'eſt donc une couleuvre que ce petit..... ſerpent là! il nous écoutait!

CHERUBIN.

Au contraire, Monſeigneur, j'ai fait ce que j'ai pu pour ne rien entendre.

LE COMTE.

O perfidie! (*à Suzanne*) tu n'épouſeras pas Figaro.

BAZILE.

Contenez-vous: on vient.

LE COMTE *tirant Chérubin du fauteuil et le mettant ſur ſes pieds.*

Il reſterait-là devant toute la terre!

SCENE X.

CHERUBIN, SUZANNE, FIGARO, LA COMTESSE, LE COMTE, FANCHETTE, BAZILE; beaucoup de valets, payſannes, payſans vêtus en habits de fête.

FIGARO *tenant une toque de femme, garnie de plumes blanches et de rubans blancs, parle à la Comteſſe.*

Il n'y a que vous, Madame, qui puiſſiez nous obtenir cette faveur.

LA COMTESSE.

Vous les voyez, monſieur le Comte: ils me ſuppoſent un crédit que je n'ai point; mais comme leur demande n'eſt pas déraiſonnable,....

LE COMTE *embarrassé.*

Il faudrait qu'elle le fût beaucoup......

FIGARO *bas à Suzanne.*

Soutiens bien mes efforts.

SUZANNE *bas à Figaro.*

Qui ne méneront à rien.

FIGARO *bas.*

Va toujours.

LE COMTE *à Figaro.*

Que voulez-vous?

FIGARO.

Monseigneur, vos vassaux touchés de l'abolition d'un certain droit fâcheux que votre amour pour Madame....

LE COMTE.

Hé bien, ce droit n'existe plus: que veux-tu dire?

FIGARO *malignement.*

Qu'il est bien temps que la vertu d'un si bon maître éclate; elle m'est d'un tel avantage aujourd'hui, que je désire être le premier à la célébrer à mes noces.

LE COMTE *plus embarrassé.*

Tu te moques, ami! l'abolition d'un droit honteux n'est que l'acquit d'une dette envers l'honnêteté. Un Espagnol peut vouloir conquérir la beauté par des soins; mais en exiger le premier le plus doux emploi comme une servile redevance, ah! c'est la tyrannie d'un Vandale, et non le droit avoué d'un noble Castillan.

FIGARO *tenant Suzanne par la main.*

Permettez donc que cette jeune créature, de qui votre sagesse a préservé l'honneur, reçoive de votre main publiquement, la toque virginale, ornée de plumes et de rubans blancs, symbole de la pureté de vos intentions : — adoptez-en la cérémonie pour tous les mariages, et qu'un quatrain chanté en chœur rappelle à jamais le souvenir.....

LE COMTE *embarrassé.*

Si je ne savais pas qu'amoureux, poëte, et musicien sont trois titres d'indulgence pour toutes les folies.....

FIGARO.

Joignez-vous à moi, mes amis.

Tous ensemble.

Monseigneur! Monseigneur!

SUZANNE *au Comte.*

Pourquoi fuir un éloge que vous méritez si bien?

LE COMTE *à part.*

La perfide!

FIGARO.

Regardez-la donc, Monseigneur ; jamais plus jolie fiancée ne montrera la grandeur de votre sacrifice.

SUZANNE.

Laisse-là ma figure, et ne vantons que sa vertu.

LE COMTE *à part.*

C'est un jeu que tout ceci.

LA COMTESSE.

Je me joins à eux, monsieur le Comte ; et cette cérémonie me sera toujours chère, puisqu'elle doit son motif à l'amour charmant que vous aviez pour moi.

LE COMTE.

Que j'ai toujours, Madame; et c'est à ce titre que je me rends.

Tous ensemble.

Vivat.

LE COMTE *à part.*

Je suis pris. (*haut*) Pour que la cérémonie eût un peu plus d'éclat, je voudrais seulement qu'on la remît à tantôt. (*à part*) Fesons vîte chercher Marceline.

FIGARO *à Chérubin.*

Hé bien, espiègle! vous n'applaudissez pas?

SUZANNE.

Il est au désespoir; Monseigneur le renvoie.

LA COMTESSE.

Ah! Monsieur, je vous demande sa grace.

LE COMTE.

Il ne la mérite point.

LA COMTESSE.

Hélas! il est si jeune!

LE COMTE.

Pas tant que vous le croyez.

CHERUBIN *tremblant.*

Pardonner généreusement, n'est pas le droit du seigneur auquel vous avez renoncé en épousant Madame.

LA COMTESSE.

Il n'a renoncé qu'à celui qui vous affligeait tous.

SUZANNE.

Si Monseigneur avait cédé le droit de pardonner, ce serait surement le premier qu'il voudrait racheter en secret.

LE COMTE

LE COMTE *embarrassé.*

Sans doute.

LA COMTESSE.

Hé, pourquoi le racheter ?

CHERUBIN *au Comte.*

Je fus léger dans ma conduite, il est vrai, Monseigneur; mais jamais la moindre indiscrétion dans mes paroles....

LE COMTE *embarrassé.*

Hé bien, c'est assez....

FIGARO.

Qu'entend-il ?

LE COMTE *vivement.*

C'est assez, c'est assez, tout le monde exige son pardon, je l'accorde, et j'irai plus loin. Je lui donne une compagnie dans ma légion.

Tous ensemble.

Vivat.

LE COMTE.

Mais c'est à condition qu'il partira sur le champ pour joindre en Catalogne.

FIGARO.

Ah! Monseigneur, demain.

LE COMTE *insiste.*

Je le veux.

CHERUBIN.

J'obéis.

LE COMTE.

Saluez votre marraine, et demandez sa protection.

CHERUBIN *met un genou en terre devant la Comtesse, et ne peut parler.*

LA COMTESSE *émue.*

Puiſqu'on ne peut vous garder ſeulement aujourd'hui, partez, jeune homme. Un nouvel état vous appelle; allez le remplir dignement. Honorez votre bienfaiteur. Souvenez-vous de cette maiſon, où votre jeuneſſe a trouvé tant d'indulgence. Soyez ſoumis, honnête et brave; nous prendrons part à vos ſuccès. (*Chérubin ſe relève, et retourne à ſa place.*)

LE COMTE.

Vous êtes bien émue, Madame!

LA COMTESSE.

Je ne m'en défends pas. Qui ſait le ſort d'un enfant jeté dans une carrière auſſi dangereuſe? il eſt allié de mes parens; et de plus, il eſt mon filleul.

LE COMTE, *à part.*

Je vois que Bazile avait raiſon. (*haut*) Jeune homme, embraſſez Suzanne.... pour la dernière fois.

FIGARO.

Pourquoi cela, Monſeigneur? il viendra paſſer ſes hivers. Baiſe-moi donc auſſi, Capitaine. (*il l'embraſſe.*) Adieu, mon petit Chérubin. Tu vas mener un train de vie bien différent, mon enfant: dame! tu ne roderas plus tout le jour au quartier des femmes: plus d'échaudés, de goûtés à la crême; plus de main chaude ou de colin-maillard. De bons ſoldats, morbleu! bazanés, mal vêtus; un grand fuſil bien lourd; tourne à droite, tourne à gauche; en avant, marche à la gloire; et ne vas pas broncher en chemin, à moins qu'un bon coup de feu....

SUZANNE.

Fi donc, l'horreur!

LA COMTESSE.

Quel pronostic !

LE COMTE.

Où donc est Marceline ? il est bien singulier qu'elle ne soit pas des vôtres !

FANCHETTE.

Monseigneur, elle a pris le chemin du Bourg, par le petit sentier de la ferme.

LE COMTE.

Et elle en reviendra ?

BAZILE.

Quand il plaira à Dieu.

FIGARO.

S'il lui plaisait qu'il ne lui plût jamais....

FANCHETTE.

Monsieur le Docteur lui donnait le bras.

LE COMTE *vivement.*

Le Docteur est ici ?

BAZILE.

Elle s'en est d'abord emparé....

LE COMTE, *à part.*

Il ne pouvait venir plus à propos.

FANCHETTE.

Elle avait l'air bien échauffé, elle parlait tout haut en marchant, puis elle s'arrêtait, et fesait comme ça, de grand bras.... et monsieur le Docteur lui fesait comme ça de la main, en l'apaisant : elle paraissait si courroucée ! elle nommait mon cousin Figaro.

LE COMTE *lui prend le menton.*

Cousin.... futur.

FANCHETTE *montrant Chérubin.*

Monseigneur, nous avez-vous pardonné d'hier?....

LE COMTE *interrompt.*

Bon jour, bon jour, petite.

FIGARO.

C'est son chien d'amour qui la berce; elle aurait troublé notre fête.

LE COMTE, *à part.*

Elle la troublera je t'en répons. (*haut*) Allons, Madame, entrons. Bazile, vous passerez chez moi.

SUZANNE, *à Figaro.*

Tu me rejoindras, mon fils?

FIGARO, *bas à Suzanne.*

Est-il bien enfilé?

SUSANNE *bas.*

Charmant garçon!

(*Ils sortent tous.*)

SCENE XI.

CHERUBIN, FIGARO, BAZILE.

(*Pendant qu'on sort, Figaro les arrête tous deux et les ramène.*)

FIGARO,

AH çà, vous autres ! la cérémonie adoptée, ma fête de ce soir en est la suite; il faut bravement nous recorder : ne fesons point comme ces acteurs qui ne jouent jamais si mal que le jour où la critique est le plus éveillée. Nous n'avons point de lendemain qui nous excuse, nous. Sachons bien nos rôles aujourd'hui.

BAZILE *malignement.*

Le mien est plus difficile que tu ne crois.

FIGARO, *fesant sans qu'il le voie le geste de le rosser.*

Tu es loin aussi de savoir tout le succès qu'il te vaudra,

CHERUBIN.

Mon ami, tu oublies que je pars.

FIGARO.

Et toi tu voudrais bien rester !

CHERUBIN.

Ah ! si je le voudrais !

FIGARO.

Il faut ruser. Point de murmure à ton départ. Le manteau de voyage à l'épaule; arrange ouvertement la trousse, et qu'on voie ton cheval à la grille : un temps de galop jusqu'à la Ferme : reviens à pied par les derrières ; Monseigneur te croira parti ; tiens-toi seulement hors de sa vue ; je me charge de l'apaiser après la fête.

CHERUBIN.

Mais Fanchette qui ne ſait pas ſon rôle!

BAZILE.

Que diable lui apprenez-vous donc, depuis huit jours que vous ne la quittez pas?

FIGARO.

Tu n'as rien à faire aujourd'hui, donne-lui par grace une leçon.

BAZILE.

Prenez garde, jeune homme, prenez garde! le père n'eſt pas ſatisfait; la fille a été ſouffletée; elle n'étudie pas avec vous: Chérubin! Chérubin! vous lui cauſerez des chagrins! *tant va la cruche à l'eau....*

FIGARO.

Ah voilà notre imbécille, avec ſes vieux proverbes! Hé bien, pédant! que dit la ſageſſe des nations? *tant va la cruche à l'eau, qu'à la fin.....*

BAZILE.

Elle s'emplit.

FIGARO *en s'en allant.*

Pas ſi bête, pourtant, pas ſi bête.

Fin du premier Acte.

Dessiné par St. Quentin ancien Pensionaire du Roy. Gravé par Halbou.

Je le tuerai, je le tuerai! Tuez-le donc, ce méchant Page.

ACTE II.

Le théâtre représente une chambre à coucher superbe, un grand lit en alcove, une estrade au-devant. La porte pour entrer s'ouvre et se ferme à la troisième coulisse à droite, celle d'un cabinet à la première coulisse à gauche. Une porte dans le fond va chez les femmes. Une fenêtre s'ouvre de l'autre côté.

SCENE PREMIERE.

SUZANNE, LA COMTESSE, *entrent par la porte à droite.*

LA COMTESSE *se jette dans une bergère.*

FERME la porte, Suzanne, et conte-moi tout dans le plus grand détail.

SUZANNE.

Je n'ai rien caché à Madame.

LA COMTESSE.

Quoi, Suzon, il voulait te séduire?

SUZANNE.

Oh que non. Monseigneur n'y met pas tant de façon avec sa servante : il voulait m'acheter.

LA COMTESSE.

Et le petit Page était présent?

SUZANNE.

C'eſt-à-dire, caché derrière le grand fauteuil. Il venait me prier de vous demander ſa grace.

LA COMTESSE.

Hé, pourquoi ne pas s'adreſſer à moi-même? eſt-ce que je l'aurais refuſé, Suzon?

SUZANNE.

C'eſt ce que j'ai dit : mais ſes regrets de partir, et ſurtout de quitter Madame! *Ah! Suzon, qu'elle eſt noble et belle! mais qu'elle eſt impoſante!*

LA COMTESSE.

Eſt-ce que j'ai cet air-là, Suzon? moi qui l'ai toujours protégé.

SUZANNE.

Puis il a vu votre ruban de nuit que je tenais, il s'eſt jeté deſſus....

LA COMTESSE *ſouriant.*

Mon ruban?.... quelle enfance!

SUZANNE.

J'ai voulu le lui ôter; Madame, c'était un lion; ſes yeux brillaient.... tu ne l'auras qu'avec ma vie, diſait-il, en forçant ſa petite voix douce et grêle.

LA COMTESSE *rêvant.*

Hé bien, Suzon?

SUZANNE.

Hé bien, Madame, eſt-ce qu'on peut faire finir ce petit démon-là? ma marraine par-ci; je voudrais bien par l'autre; et parce qu'il n'oſerait ſeulement baiſer la robe de Madame, il voudrait toujours m'embraſſer moi.

LA COMTESSE *rêvant.*

Laiſſons. . . . laiſſons ces folies. . . . Enfin, ma pauvre Suzanne, mon époux a fini par te dire ?

SUZANNE.

Que ſi je ne voulais pas l'entendre, il allait protéger Marceline.

LA COMTESSE *ſe lève et ſe promène, en ſe ſervant fortement de l'éventail.*

Il ne m'aime plus du tout.

SUZANNE.

Pourquoi tant de jalouſie ?

LA COMTESSE.

Comme tous les maris, ma chère! uniquement par orgueil. Ah je l'ai trop aimé! je l'ai laſſé de mes tendreſſes, et fatigué de mon amour; voilà mon ſeul tort avec lui : mais je n'entends pas que cet honnête aveu te nuiſe, et tu épouſeras Figaro. Lui ſeul peut nous y aider : viendra-t-il ?

SUZANNE.

Dès qu'il verra partir la chaſſe.

LA COMTESSE *ſe ſervant de l'éventail.*

Ouvre un peu la croiſée ſur le jardin. Il fait une chaleur ici! . . . .

SUZANNE.

C'eſt que Madame parle et marche avec action. (*Elle va ouvrir la croiſée du fond.*)

LA COMTESSE *rêvant long-temps.*

Sans cette conſtance à me fuir. . . . les hommes ſont bien coupables !

SUZANNE *crie de la fenêtre.*

Ah! voilà Monseigneur qui traverse à cheval le grand potager, suivi de Pédrille, avec deux, trois, quatre levriers.

LA COMTESSE.

Nous avons du temps devant nous. (*elle s'assied.*) On frappe, Suzon?

SUZANNE *court ouvrir en chantant.*

Ah, c'est mon Figaro! ah, c'est mon Figaro!

SCENE II.

FIGARO, SUZANNE, LA COMTESSE *assise.*

SUZANNE.

MON cher ami! viens donc, Madame est dans une impatience!....

FIGARO.

Et toi, ma petite Suzanne? — Madame n'en doit prendre aucune. Au fait, de quoi s'agit-il? d'une misère. Monsieur le Comte trouve notre jeune femme aimable, il voudrait en faire sa maîtresse; et c'est bien naturel.

SUZANNE.

Naturel?

FIGARO.

Puis il m'a nommé courrier de dépêches, et Suzon conseiller d'ambassade. Il n'y a pas là d'étourderie.

SUZANNE.

Tu finiras?

FIGARO.

Et parce que Suzanne, ma fiancée, n'accepte pas le diplôme, il va favoriser les vues de Marceline; quoi de plus simple encore? Se venger de ceux qui nuisent à nos projets en renversant les leurs; c'est ce que chacun fait; ce que nous allons faire nous mêmes. Hé bien, voilà tout pourtant.

LA COMTESSE.

Pouvez-vous, Figaro, traiter si légèrement un dessein qui nous coûte à tous le bonheur?

FIGARO.

Qui dit cela, Madame?

SUZANNE.

Au lieu de t'affliger de nos chagrins.....

FIGARO.

N'est-ce pas assez que je m'en occupe? Or, pour agir aussi méthodiquement que lui, tempérons d'abord son ardeur de nos possessions, en l'inquiétant sur les siennes.

LA COMTESSE.

C'est bien dit; mais comment?

FIGARO.

C'est déjà fait, Madame: un faux avis donné sur vous.....

LA COMTESSE.

Sur moi! la tête vous tourne.

FIGARO.

Oh! c'est à lui qu'elle doit tourner.

LA COMTESSE.

Un homme aussi jaloux!....

FIGARO.

Tant mieux : pour tirer parti des gens de ce caractère, il ne faut qu'un peu leur fouetter le sang ; c'est ce que les femmes entendent si bien ! Puis les tient-on fâchés tout rouge, avec un brin d'intrigue on les mène où l'on veut, par le nez, dans le Guadalquivir. Je vous ai fait rendre à Bazile un billet inconnu, lequel avertit Monseigneur qu'un galant doit chercher à vous voir aujourd'hui pendant le bal.

LA COMTESSE.

Et vous vous jouez ainsi de la vérité sur le compte d'une femme d'honneur.....

FIGARO.

Il y en a peu, Madame, avec qui je l'eusse osé, crainte de rencontrer juste.

LA COMTESSE.

Il faudra que je l'en remercie !

FIGARO.

Mais dites-moi s'il n'est pas charmant de lui avoir taillé ses morceaux de la journée, de façon qu'il passe à rôder, à jurer après sa dame, le temps qu'il destinait à se complaire avec la nôtre ? Il est déjà tout dérouté : galopera-t-il celle-ci ? surveillera-t-il celle-là ? dans son trouble d'esprit, tenez, tenez, le voilà qui court la plaine, et force un lièvre qui n'en peut mais. L'heure du mariage arrive en poste ; il n'aura pas pris de parti contre ; et jamais il n'osera s'y opposer devant Madame.

SUZANNE.

Non ; mais Marceline, le bel esprit, osera le faire, elle.

FIGARO.

Brrrr. Cela m'inquiète bien, ma foi! Tu feras dire à Monseigneur que tu te rendras sur la brune au jardin.

SUZANNE.

Tu comptes sur celui-là?

FIGARO.

O dame! écoutez donc; les gens qui ne veulent rien faire de rien, n'avancent rien et ne sont bons à rien! Voilà mon mot.

SUZANNE.

Il est joli!

LA COMTESSE.

Comme son idée: vous consentiriez qu'elle s'y rendît?

FIGARO.

Point du tout. Je fais endosser un habit de Suzanne à quelqu'un: surpris par nous au rendez-vous, le Comte pourra-t-il s'en dédire?

SUZANNE.

A qui mes habits?

FIGARO.

Chérubin.

LA COMTESSE.

Il est parti.

FIGARO.

Non pas pour moi: veut-on me laisser faire?

SUZANNE.

On peut s'en fier à lui pour mener une intrigue.

FIGARO.

Deux, trois, quatre à la fois; bien embrouillées, qui se croisent. J'étais né pour être courtisan.

SUZANNE.

On dit que c'est un métier si difficile!

FIGARO.

Recevoir, prendre, et demander; voilà le secret en trois mots.

LA COMTESSE.

Il a tant d'assurance, qu'il finit par m'en inspirer.

FIGARO.

C'est mon dessein.

SUZANNE.

Tu disais donc?

FIGARO.

Que pendant l'absence de Monseigneur, je vais vous envoyer le Chérubin : coiffez-le, habillez-le; je le renferme et l'endoctrine; et puis dansez, Monseigneur.

(*Il sort.*)

SCENE III.

SUZANNE, LA COMTESSE *assise.*

LA COMTESSE, *tenant sa boîte à mouches.*

MON Dieu, Suzon, comme je suis faite!....ce jeune homme qui va venir!...

SUZANNE.

Madame ne veut donc pas qu'il en réchappe?

LA COMTESSE *rêve devant sa petite glace.*

Moi?.... tu verras comme je vais le gronder.

SUZANNE.

Fesons-lui chanter sa romance. (*Elle la met sur la Comtesse.*)

LA COMTESSE.

Mais, c'est qu'en vérité, mes cheveux sont dans un désordre......

SUZANNE *riant.*

Je n'ai qu'à reprendre ces deux boucles, Madame le grondera bien mieux.

LA COMTESSE *revenant à elle.*

Qu'est-ce que vous dites donc, Mademoiselle?

SCENE IV.

CHERUBIN, *l'air honteux;* SUZANNE, LA COMTESSE *assise.*

SUZANNE.

ENTREZ, monsieur l'Officier; on est visible.

CHERUBIN *avance en tremblant.*

Ah! que ce nom m'afflige, Madame! il m'apprend qu'il faut quitter des lieux..... une marraine si..... bonne!....

SUZANNE.

Et si belle!

CHERUBIN *avec un soupir.*

Ah! oui.

SUZANNE *le contrefait.*

Ah! oui. Le bon jeune homme! avec ses longues paupières hypocrites. Allons, bel oiseau bleu, chantez la romance à Madame.

LA COMTESSE *la déplie.*

De qui.... dit-on qu'elle est?

SUZANNE.

Voyez la rougeur du coupable: en a-t-il un pied sur les joues?

CHERUBIN.

Est-ce qu'il est défendu... de chérir........

SUZANNE *lui met le poing sous le nez.*

Je dirai tout, vaurien!

LA COMTESSE.

LA COMTESSE.

Là..... chante-t-il?

CHÉRUBIN.

O Madame, je suis si tremblant!....

SUZANNE *en riant.*

Et gnian, gnian, gnian, gnian, gnian, gnian, gnian; dès que Madame le veut, modeste auteur! je vais l'accompagner.

LA COMTESSE.

Prends ma guitare. (*La Comtesse assise, tient le papier pour suivre. Suzanne est derrière son fauteuil, et prélude en regardant la musique par-dessus sa maîtresse. Le petit page est devant elle, les yeux baissés. Ce tableau est juste la belle estampe d'après Vanloo, appelée* la Conversation espagnole.

ROMANCE.

Chérubin. La Comtesse, Suzanne.

AIR: *Marlbroug s'en va-t-en guerre.*

PREMIER COUPLET.

Mon coursier hors d'haleine,
(Que mon cœur, mon cœur a de peine!)
J'errais de plaine en plaine
Au gré du destrier.

IIe COUPLET.

Au gré du destrier,
Sans varlet, n'écuyer;
(*) Là près d'une fontaine,
(Que mon cœur, mon cœur a de peine!)
Songeant à ma marraine,
Sentais mes pleurs couler.

(*) Au spectacle on a commencé la romance à ce vers, en disant: *Auprès d'une fontaine.*

IIIe COUPLET.

Sentais mes pleurs couler,
Prêt à me désoler ;
Je gravais sur un frêne,
(Que mon cœur, mon cœur a de peine!)
Sa lettre sans la mienne ;
Le Roi vint à passer.

IVe COUPLET.

Le Roi vint à passer ;
Ses Barons, son Clergier.
Beau Page, dit la Reine,
(Que mon cœur, mon cœur a de peine!)
Qui vous met à la gêne ?
Qui vous fait tant plorer ?

Ve COUPLET.

Qui vous fait tant plorer ?
Nous faut le déclarer.
Madame et Souveraine,
(Que mon cœur, mon cœur a de peine!)
J'avais une marraine
Que toujours adorai. (*)

VIe COUPLET.

Que toujours adorai ;
Je sens que j'en mourrai.
Beau Page, dit la Reine,
(Que mon cœur, mon cœur a de peine!)
N'est-il qu'une marraine ?
Je vous en servirai.

VIIe COUPLET.

Je vous en servirai ;
Mon Page vous ferai ;
Puis à ma jeune Hélène,
(Que mon cœur, mon cœur a de peine!)
Fille d'un Capitaine,
Un jour vous marierai.

(*) Ici la Comtesse arrête le Page en fermant le papier. Le reste ne se chante pas au théâtre.

VIIIe COUPLET.

Un jour vous marierai. —
Nenni n'en faut parler ;
Je veux, traînant ma chaîne,
(Que mon cœur, mon cœur a de peine !)
Mourir de cette peine ;
Mais non m'en conſoler.

LA COMTESSE.

Il y a de la naïveté.... du ſentiment même.

SUZANE *va poſer la guitare ſur un fauteuil.*

O ! pour du ſentiment, c'eſt un jeune homme qui.... Chérubin.
Ah çà, monſieur l'Officier, vous a-t-on dit que pour Suzanne.
égayer la ſoirée, nous voulons ſavoir d'avance ſi un de La Comteſſe.
mes habits vous ira paſſablement ?

LA COMTESSE.

J'ai peur que non.

SUZANNE *ſe meſure avec lui.*

Il eſt de ma grandeur. Otons d'abord le manteau. (*elle le détache.*)

LA COMTESSE.

Et ſi quelqu'un entrait ?

SUZANNE.

Eſt-ce que nous feſons du mal donc ? je vais fermer la porte : (*elle court*) mais c'eſt la coiffure que je veux voir.

LA COMTESSE.

Sur ma toilette, une baigneuſe à moi. (*Suzanne entre dans le cabinet dont la porte eſt au bord du théâtre.*)

SCENE V.

CHERUBIN, LA COMTESSE *assise.*

LA COMTESSE.

JUSQU'A l'instant du bal le Comte ignorera que vous soyez au château, Nous lui dirons après, que le temps d'expédier votre brevet nous a fait naître l'idée.....

CHERUBIN *le lui montre.*

Hélas, Madame, le voici; Bazile me l'a remis de sa part.

LA COMTESSE.

Déjà? l'on a craint d'y perdre une minute. (*elle lit.*) Ils se sont tant pressés, qu'ils ont oublié d'y mettre son cachet. (*elle le lui rend.*)

SCENE VI.

CHERUBIN, LA COMTESSE, SUZANNE.

SUZANNE *entre avec un grand bonnet.*

LE cachet, à quoi?

LA COMTESSE.

A son brevet.

SUZANNE.

Déjà?

LA COMTESSE.

C'est ce que je disais. Est-ce là ma baigneuse?

SUZANNE *s'assied près de la Comtesse.* Chérubin. Suzanne. La Comtesse.

Et la plus belle de toutes. (*elle chante avec des épingles dans sa bouche.*)

Tournez-vous donc envers ici,
Jean de Lyra, mon bel ami.

Chérubin se met à genoux. (*elle le coiffe.*) Madame, il est charmant !

LA COMTESSE.

Arrange son collet d'un air un peu plus féminin.

SUZANNE *l'arrange.*

Là . . . . mais voyez donc ce morveux, comme il est joli en fille ! j'en suis jalouse, moi ! (*elle lui prend le menton.*) Voulez-vous bien n'être pas joli comme çà ?

LA COMTESSE.

Qu'elle est folle ! Il faut relever la manche, afin que l'amadis prenne mieux. . . . . (*elle le retrousse.*) Qu'est-ce qu'il a donc au bras ? un ruban !

SUZANNE.

Et un ruban à vous. Je suis bien aise que Madame l'ait vu. Je lui avais dit que je le dirais, déjà ! Oh ! si Monseigneur n'était pas venu, j'aurais bien repris le ruban ; car je suis presque aussi forte que lui.

LA COMTESSE.

Il y a du sang ! (*elle détache le ruban.*)

CHERUBIN *honteux.*

Ce matin, comptant partir, j'arrangeais la gourmette de mon cheval ; il a donné de la tête, et la bossette m'a effleuré le bras.

LA COMTESSE.

On n'a jamais mis un ruban. . . . .

SUZANNE.

Et ſurtout un ruban volé. — Voyons donc ce que la boſſette.... la courbette.... la cornette du cheval.... Je n'entends rien à tous ces noms-là. — Ah qu'il a le bras blanc! c'eſt comme une femme! plus blanc que le mien! regardez donc, Madame? (*elle les compare.*)

LA COMTESSE *d'un ton glacé.*

Occupez-vous plutôt de m'avoir du taffetas gommé, dans ma toilette.

Suzanne lui pouſſe la tête, en riant; il tombe ſur les deux mains. (Elle entre dans le cabinet au bord du théâtre.)

SCENE VII.

CHERUBIN *à genoux*, LA COMTESSE *aſſiſe.*

LA COMTESSE *reſte un moment ſans parler, les yeux ſur ſon ruban. Chérubin la dévore de ſes regards.*

POUR mon ruban, Monſieur..... comme c'eſt celui dont la couleur m'agrée le plus.... j'étais fort en colère de l'avoir perdu.

SCENE VIII.

CHERUBIN *à genoux*, LA COMTESSE *assise*, SUZANNE.

SUZANNE *revenant.*

ET la ligature à son bras ? (*elle remet à la Comtesse du taffetas gommé et des ciseaux.*)

LA COMTESSE.

En allant lui chercher tes hardes, prends le ruban d'un autre bonnet.

(*Suzanne sort par la porte du fond, en emportant le manteau du Page.*)

SCENE IX.

CHERUBIN *à genoux*, LA COMTESSE *assise.*

CHERUBIN *les yeux baissés.*

CELUI qui m'est ôté m'aurait guéri en moins de rien.

LA COMTESSE.

Par quelle vertu ? (*lui montrant le taffetas*) ceci vaut mieux.

CHERUBIN *hésitant.*

Quand un ruban..... a serré la tête.... ou touché la peau d'une personne......

LA COMTESSE *coupant la phrase.*

....! Etrangère, il devient bon pour les blessures ? J'ignorais cette propriété. Pour l'éprouver, je garde celui-ci qui vous a serré le bras. A la première égratignure..... de mes femmes, j'en ferai l'essai.

CHERUBIN *pénétré.*

Vous le gardez, et moi je pars.

LA COMTESSE.

Non pour toujours.

CHERUBIN.

Je suis si malheureux !

LA COMTESSE *émue.*

Il pleure à présent ! c'est ce vilain Figaro avec son pronostic !

CHERUBIN *exalté.*

Ah ! je voudrais toucher au terme qu'il m'a prédit ! sûr de mourir à l'instant, peut-être ma bouche oserait....

LA COMTESSE *l'interrompt et lui essuie les yeux avec son mouchoir.*

Taisez-vous, taisez-vous, enfant. Il n'y a pas un brin de raison dans tout ce que vous dites. (*On frappe à la porte, elle élève la voix.*) Qui frappe ainsi chez moi ?

SCENE. X.

CHERUBIN, LA COMTESSE, LE COMTE *en dehors.*

LE COMTE *en dehors.*

POURQUOI donc enfermée ?

LA COMTESSE *troublée se lève.*

C'est mon époux ! grands Dieux !.... (*à Chérubin qui s'est levé aussi*) vous sans manteau, le col et les bras nus ! seul avec moi ! cet air de désordre, un billet reçu, sa jalousie !....

LE COMTE *en dehors.*

Vous n'ouvrez pas ?

LA COMTESSE.

C'eſt que.... je ſuis ſeule.

LE COMTE *en dehors.*

Seule ! avec qui parlez-vous donc ?

LA COMTESSE *cherchant.*

.... Avec vous ſans doute.

CHERUBIN *à part.*

Aprés les ſcènes d'hier et de ce matin ; il me tuerait ſur la place ! (*il court au cabinet de toilette, y entre et tire la porte ſur lui.*)

SCENE XI.

LA COMTESSE *ſeule, en ôte la clef et court ouvrir au Comte.*

AH quelle faute ! quelle faute !

SCENE XII.

LE COMTE, LA COMTESSE.

LE COMTE *un peu ſévère.*

VOUS n'êtes pas dans l'uſage de vous enfermer !

LA COMTESSE *troublée.*

Je.... je chiffonnais..... oui, je chiffonnais avec Suzanne ; elle eſt paſſée un moment chez elle.

LE COMTE *l'examine.*

Vous avez l'air et le ton bien altérés !

LA COMTESSE.

Cela n'eſt pas étonnant...., pas étonnant du tout.... je vous aſſure...., nous parlions de vous...., elle eſt paſſée, comme je vous dis.

LE COMTE.

Vous parliez de moi!... Je ſuis ramené par l'inquiétude; en montant à cheval, un billet qu'on m'a remis, mais auquel je n'ajoute aucune foi, m'a..... pourtant agité.

LA COMTESSE.

Comment, Monſieur?.... quel billet?

LE COMTE.

Il faut avouer, Madame, que vous ou moi ſommes entourés d'êtres.... bien méchans! On me donne avis que dans la journée quelqu'un, que je crois abſent, doit chercher à vous entretenir.

LA COMTESSE.

Quel que ſoit cet audacieux, il faudra qu'il pénètre ici; car mon projet eſt de ne pas quitter ma chambre de tout le jour.

LE COMTE.

Ce ſoir, pour la noce de Suzanne?

LA COMTESSE.

Pour rien au monde; je ſuis très-incommodée.

LE COMTE.

Heureuſement le Docteur eſt ici.

(*le Page fait tomber une chaiſe dans le cabinet.*)

Quel bruit entends-je?

LA COMTESSE *plus troublée.*

Du bruit?

LE COMTE.

On a fait tomber un meuble.

LA COMTESSE.

Je.... je n'ai rien entendu, pour moi.

LE COMTE.

Il faut que vous soyez furieusement préoccupée !

LA COMTESSE.

Préoccupée ! de quoi ?

LE COMTE.

Il y a quelqu'un dans ce cabinet, Madame.

LA COMTESSE.

Hé.... qui voulez-vous qu'il y ait, Monsieur ?

LE COMTE.

C'est moi qui vous le demande ; j'arrive.

LA COMTESSE.

Hé mais.... Suzanne apparemment qui range.

LE COMTE.

Vous avez dit qu'elle était passée chez elle !

LA COMTESSE.

Passée.... ou entrée là ; je ne sais lequel.

LE COMTE.

Si c'est Suzanne, d'où vient le trouble où je vous vois ?

LA COMTESSE.

Du trouble pour ma camariste ?

LE COMTE.

Pour votre camariste, je ne sais ; mais pour du trouble, assurément.

LA COMTESSE.

Assurément, Monsieur, cette fille vous trouble et vous occupe beaucoup plus que moi.

LE COMTE *en colère.*

Elle m'occupe à tel point, Madame, que je veux la voir à l'instant.

LA COMTESSE.

Je crois en effet que vous le voulez souvent; mais voilà bien les soupçons les moins fondés.....

SCENE XIII.

LE COMTE, LA COMTESSE, SUZANNE *entre avec des hardes et pousse la porte du fond.*

LE COMTE.

Ils en seront plus aisés à détruire. (*il parle au cabinet.*) — Sortez, Suzon; je vous l'ordonne.

(*Suzanne s'arrête auprès de l'alcove dans le fond.*)

LA COMTESSE.

Elle est presque nue, Monsieur; vient-on troubler ainsi des femmes dans leur retraite? Elle essayait des hardes que je lui donne en la mariant; elle s'est enfuie, quand elle vous a entendu.

LE COMTE.

Si elle craint tant de se montrer, au moins elle peut parler. (*il se tourne vers la porte du cabinet.*) Répondez-moi, Suzanne; êtes-vous dans ce cabinet?

(*Suzanne, restée au fond, se jette dans l'alcove et s'y cache.*)

LA COMTESSE *vivement, parlant au cabinet.*

Suzon, je vous défends de répondre. (*au Comte*) On n'a jamais pouffé fi loin la tyrannie!

LE COMTE *s'avance au cabinet.*

Oh bien, puifqu'elle ne parle pas, vêtue ou non, je la verrai.

LA COMTESSE *fe met au devant.*

Par-tout ailleurs je ne puis l'empêcher; mais j'efpère auffi que chez moi. . .

LE COMTE.

Et moi j'efpère favoir dans un moment quelle eft cette Suzanne myftérieufe. Vous demander la clef ferait, je le vois, inutile! mais il eft un moyen fûr de jeter en dedans cette légère porte. Holà quelqu'un?

LA COMTESSE.

Attirer vos gens, et faire un fcandale public d'un foupçon qui nous rendrait la fable du château?

LE COMTE.

Fort bien, Madame; en effet j'y fuffirai; je vais à l'inftant prendre chez moi ce qu'il faut. . . (*il marche pour fortir et revient.*) Mais pour que tout refte au même état, voudrez-vous bien m'accompagner fans fcandale et fans bruit, puifqu'il vous déplaît tant? . . . une chofe auffi fimple, apparemment, ne me fera pas refufée!

LA COMTESSE *troublée.*

Eh! Monfieur, qui fonge à vous contrarier?

LE COMTE.

Ah! j'oubliais la porte qui va chez vos femmes; il faut que je la ferme auffi pour que vous foyez pleinement juftifiée. (*il va fermer la porte du fond et en ôte la clef.*)

LA COMTESSE *à part.*

O ciel! étourderie funeste!

LE COMTE *revenant à elle.*

Maintenant que cette chambre est close, acceptez mon bras, je vous prie; (*il élève la voix*) et quant à la Suzanne du cabinet, il faudra qu'elle ait la bonté de m'attendre, et le moindre mal qui puisse lui arriver à mon retour....

LA COMTESSE.

En vérité, Monsieur, voilà bien la plus odieuse aventure.... (*le comte l'emmène et ferme la porte à la clef.*)

SCENE XIV.

SUZANNE, CHERUBIN.

SUZANNE *sort de l'alcove, accourt au cabinet et parle à la serrure.*

OUVREZ, Chérubin, ouvrez vîte; c'est Suzanne; ouvrez et sortez.

Chérubin. Suzanne.

CHERUBIN *sort.*

Ah! Suzon, quelle horrible scène!

SUZANNE.

Sortez, vous n'avez pas une minute.

CHERUBIN *effrayé.*

Eh par où sortir?

SUZANNE.

Je n'en sais rien, mais sortez.

CHERUBIN.

S'il n'y a pas d'issue?

SUZANNE.

Après la rencontre de tantôt il vous écraserait! et nous ferions perdues. — Courez conter à Figaro...

CHERUBIN.

La fenêtre du jardin n'est peut-être pas bien haute.

(*il court y regarder.*)

SUZANNE *avec effroi.*

Un grand étage! impossible! ah ma pauvre maîtresse! et mon mariage, ô Ciel!

CHERUBIN *revient.*

Elle donne sur la melonière; quitte à gâter une couche ou deux.

SUZANNE *le retient et s'écrie:*

Il va se tuer!

CHERUBIN *exalté.*

Dans un goufre allumé, Suzon! oui je m'y jetterais plutôt que de lui nuire.... Et ce baiser va me porter bonheur. (*il l'embrasse et court sauter par la fenêtre.*)

SCENE XV.

SUZANNE *seule, un cri de frayeur.*

Ah!.... (*Elle tombe assise un moment. Elle va péniblement regarder à la fenêtre et revient.*) Il est déjà bien loin. O le petit garnement! aussi leste que joli! si celui-là manque de femmes.... Prenons sa place au plutôt. (*en entrant dans le cabinet.*) Vous pouvez à présent, monsieur le Comte, rompre la cloison si cela vous amuse; au diantre qui répond un mot. (*elle s'y enferme.*)

SCENE XVI.

LE COMTE, LA COMTESSE *rentrent dans la chambre.*

LE COMTE, *une pince à la main, qu'il jette sur le fauteuil.*

TOUT est bien comme je l'ai laissé. Madame, en m'exposant à briser cette porte, réfléchissez aux suites : encore une fois, voulez-vous l'ouvrir ?

LA COMTESSE.

Eh, Monsieur, quelle horrible humeur peut altérer ainsi les égards entre deux époux ? Si l'amour vous dominait au point de vous inspirer ces fureurs, malgré leur déraison je les excuserais ; j'oublierais, peut-être en faveur du motif, ce qu'elles ont d'offensant pour moi. Mais la seule vanité peut-elle jeter dans cet excès un galant homme ?

LE COMTE.

Amour ou vanité, vous ouvrirez la porte ; ou je vais à l'instant....

LA COMTESSE *au devant.*

Arrêtez, Monsieur, je vous prie. Me croyez-vous capable de manquer à ce que je me dois ?

LE COMTE.

Tout ce qu'il vous plaira, Madame ; mais je verrai qui est dans ce cabinet.

LA COMTESSE *effrayée.*

Hé bien, Monsieur, vous le verrez. Ecoutez-moi... tranquillement.

LE COMTE.

LE COMTE.

Ce n'eſt donc pas Suzanne ?

LA COMTESSE *timidement.*

Au moins n'eſt-ce pas non plus une perſonne.... dont vous deviez rien redouter.... nous diſpoſions une plaiſanterie.... bien innoçente en vérité, pour ce ſoir.... et je vous jure....

LE COMTE.

Et vous me jurez ?

LA COMTESSE.

Que nous n'avions pas plus deſſein de vous offenſer l'un que l'autre.

LE COMTE *vîte.*

L'un que l'autre ? c'eſt un homme.

LA COMTESSE.

Un enfant, Monſieur.

LE COMTE.

Hé qui donc ?

LA COMTESSE.

A peine oſai-je le nommer !

LE COMTE *furieux.*

Je le tuerai.

LA COMTESSE.

Grands Dieux !

LE COMTE.

Parlez donc.

LA COMTESSE.

Ce jeune.... Chérubin....

LE COMTE.

Chérubin ! l'insolent ! voilà mes soupçons et le billet expliqués.

LA COMTESSE *joignant les mains.*

Ah ! Monsieur, gardez de penser.....

LE COMTE *frappant du pied.*

(*à part.*) Je trouverai par-tout ce maudit Page ! (*haut.*) Allons, Madame, ouvrez ; je sais tout maintenant. Vous n'auriez pas été si émue en le congédiant ce matin ; il serait parti quand je l'ai ordonné ; vous n'auriez pas mis tant de fausseté dans votre conte de Suzanne ; il ne se serait pas si soigneusement caché, s'il n'y avait rien de criminel.

LA COMTESSE.

Il a craint de vous irriter en se montrant.

LE COMTE, *hors de lui, crie au cabinet.*

Sors donc, petit malheureux !

LA COMTESSE *le prend à bras le corps, en l'éloignant.*

Ah ! Monsieur, Monsieur, votre colère me fait trembler pour lui. N'en croyez pas un injuste soupçon, de grace ; et que le désordre où vous l'allez trouver.....

LE COMTE.

Du désordre !

LA COMTESSE.

Hélas oui ; prêt à s'habiller en femme, une coiffure à moi sur la tête, en veste et sans manteau, le col ouvert, les bras nus ; il allait essayer.....

LE COMTE.

Et vous vouliez garder votre chambre! Indigne épouse! ah! vous la garderez..... long-temps; mais il faut avant que j'en chasse un insolent, de manière à ne plus le rencontrer nulle part.

LA COMTESSE *se jette à genoux les bras élevés.*

Monsieur le Comte, épargnez un enfant; je ne me consolerais pas d'avoir causé.....

LE COMTE.

Vos frayeurs aggravent son crime.

LA COMTESSE.

Il n'est pas coupable, il partait: c'est moi qui l'ai fait appeler.

LE COMTE *furieux.*

Levez-vous. Otez-vous..... Tu es bien audacieuse d'oser me parler pour un autre.

LA COMTESSE.

Eh bien! je m'ôterai, Monsieur, je me lèverai; je vous remettrai même la clef du cabinet: mais, au nom de votre amour.....

LE COMTE.

De mon amour! perfide!

LA COMTESSE *se lève et lui présente la clef.*

Promettez-moi que vous laisserez aller cet enfant sans lui faire aucun mal; et puisse après tout votre courroux tomber sur moi, si je ne vous convainc pas.....

LE COMTE *prenant la clef.*

Je n'écoute plus rien.

LA COMTESSE *se jette sur une bergère, un mouchoir sur les yeux.*

O ciel! il va périr!

LE COMTE *ouvre la porte et recule.*

C'est Suzanne!

SCENE XVII.

LA COMTESSE, LE COMTE, SUZANNE.

SUZANNE *sort en riant.*

JE le tuerai, je le tuerai. Tuez-le donc ce méchant Page !

LE COMTE *à part.*

Ah quelle école ! (*regardant la Comtesse qui est restée stupéfaite.*) Et vous aussi, vous jouez l'étonnement ?... Mais peut-être elle n'y est pas seule. (*il entre.*)

SCENE XVIII.

LA COMTESSE *assise*, SUZANNE.

SUZANNE *accourt à sa maîtresse.*

REMETTEZ-VOUS, Madame, il est bien loin, il a fait un saut.....

LA COMTESSE.

Ah, Suzon, je suis morte.

SCENE XIX.

LA COMTESSE *assise*, SUZANNE, LE COMTE.

LE COMTE *sort du cabinet d'un air confus. Après un court silence.*

IL n'y a personne, et pour le coup j'ai tort. — Madame..... vous jouez fort bien la comédie.

SUZANNE *gaiement.*

Et moi, Monseigneur ?

LA COMTESSE, *son mouchoir sur sa bouche pour se remettre, ne parle pas.*

LE COMTE *s'approche.*

Quoi, Madame, vous plaisantiez ?

Suzanne.
La Comtesse *assise.*
Le Comte.

LA COMTESSE *se remettant un peu.*

Eh ! pourquoi non, Monsieur ?

LE COMTE.

Quel affreux badinage ! et par quel motif, je vous prie ?....

LA COMTESSE.

Vos folies méritent-elles de la pitié ?

LE COMTE.

Nommer folies ce qui touche à l'honneur !

LA COMTESSE *assurant son ton par degrés.*

Me suis-je unie à vous pour être éternellement dévouée à l'abandon et à la jalousie, que vous seul osez concilier ?

LE COMTE.

Ah ! Madame, c'est sans ménagement.

SUZANNE.

Madame n'avait qu'à vous laisser appeler les gens.

LE COMTE.

Tu as raison, et c'est à moi de m'humilier.... Pardon, je suis d'une confusion !....

SUZANNE.

Avouez, Monseigneur, que vous la méritez un peu !

LE COMTE.

Pourquoi donc ne sortais-tu pas lorsque je t'appelais ? mauvaise !

SUZANNE.

Je me r'habillais de mon mieux, à grand renfort d'épingles, et Madame qui me le défendait avait bien ses raisons pour le faire.

LE COMTE.

Au lieu de rappeler mes torts, aide-moi plutôt à l'apaiser.

LA COMTESSE.

Non, Monsieur; un pareil outrage ne se couvre point. Je vais me retirer aux Ursulines, et je vois trop qu'il en est temps.

LE COMTE.

Le pourriez-vous sans quelques regrets?

SUZANNE.

Je suis sure, moi, que le jour du départ serait la veille des larmes.

LA COMTESSE.

Eh! quand cela serait, Suzon; j'aime mieux le regretter que d'avoir la bassesse de lui pardonner; il m'a trop offensée.

LE COMTE.

Rosine!....

LA COMTESSE.

Je ne la suis plus cette Rosine que vous avez tant poursuivie! je suis la pauvre comtesse Almaviva, la triste femme délaissée, que vous n'aimez plus.

SUZANNE.

Madame!

LE COMTE *suppliant.*

Par pitié.

LA COMTESSE.

Vous n'en aviez aucune pour moi.

LE COMTE.

Mais aussi ce billet.... il m'a tourné le sang!

LA COMTESSE.

Je n'avais pas consenti qu'on l'écrivît.

LE COMTE.

Vous le saviez?

LA COMTESSE.

C'est cet étourdi de Figaro.....

LE COMTE.

Il en était?

LA COMTESSE.

.... Qui l'a remis à Bazile.

LE COMTE.

Qui m'a dit le tenir d'un paysan. O perfide chanteur! lame à deux tranchans! c'est toi qui paieras pour tout le monde.

LA COMTESSE.

Vous demandez pour vous un pardon que vous refusez aux autres : voilà bien les hommes! Ah! si jamais je consentais à pardonner en faveur de l'erreur où vous a jeté ce billet, j'exigerais que l'amnistie fût générale.

LE COMTE.

Hé bien, de tout mon cœur, Comtesse. Mais comment réparer une faute aussi humiliante?

LA COMTESSE *se lève.*

Elle l'était pour tous deux.

LE COMTE.

Ah ! dites pour moi ſeul. — Mais je ſuis encore à concevoir comment les femmes prennent ſi vîte et ſi juſte l'air et le ton des circonſtances. Vous rougiſſiez, vous pleuriez, votre viſage était défait..... D'honneur il l'eſt encore.

LA COMTESSE *s'efforçant de ſourire.*

Je rougiſſais..... du reſſentiment de vos ſoupçons. Mais les hommes ſont-ils aſſez délicats pour diſtinguer l'indignation d'une ame honnête outragée, d'avec la confuſion qui naît d'une accuſation méritée ?

LE COMTE *ſouriant.*

Et ce Page en déſordre, en veſte et preſque nu.....

LA COMTESSE *montrant Suzanne.*

Vous le voyez devant vous. N'aimez-vous pas mieux l'avoir trouvé que l'autre ? en général, vous ne haïſſez pas de rencontrer celui-ci.

LE COMTE *riant plus fort.*

Et ces prières, ces larmes feintes.....

LA COMTESSE.

Vous me faites rire, et j'en ai peu d'envie.

LE COMTE.

Nous croyons valoir quelque choſe en politique, et nous ne ſommes que des enfans. C'eſt vous, c'eſt vous, Madame, que le Roi devrait envoyer en ambaſſade à Londres ! Il faut que votre ſexe ait fait une étude bien réfléchie de l'art de ſe compoſer pour réuſſir à ce point !

LA COMTESSE.

C'eſt toujours vous qui nous y forcez.

SUZANNE.

Laiſſez-nous priſonniers ſur parole, et vous verrez ſi nous ſommes gens d'honneur.

LA COMTESSE.

Briſons là, monſieur le Comte. J'ai peut-être été trop loin; mais mon indulgence, en un cas auſſi grave, doit au moins m'obtenir la vôtre.

LE COMTE.

Mais vous répéterez que vous me pardonnez.

LA COMTESSE.

Eſt-ce que je l'ai dit, Suzon?

SUZANNE.

Je ne l'ai pas entendu, Madame.

LE COMTE.

Hé bien, que ce mot vous échappe.

LA COMTESSE.

Le méritez-vous donc, ingrat?

LE COMTE.

Oui, par mon repentir.

SUZANNE.

Soupçonner un homme dans le cabinet de Madame!

LE COMTE.

Elle m'en a ſi ſévèrement puni!

SUZANNE.

Ne pas s'en fier à elle quand elle dit que c'eſt ſa camariſte!

LE COMTE.

Roſine, êtes-vous donc implacable?

LA COMTESSE.

Ah! Suzon! que je suis faible! quel exemple je te donne! (*tendant la main au Comte.*) On ne croira plus à la colère des femmes.

SUZANNE.

Bon! Madame, avec eux ne faut-il pas toujours en venir là?

LE COMTE *baise ardemment la main de sa femme.*

SCENE XX.

SUZANNE, FIGARO, LA COMTESSE, LE COMTE.

FIGARO *arrivant tout essouflé.*

On disait Madame incommodée. Je suis vîte accouru.... je vois avec joie qu'il n'en est rien.

LE COMTE *séchement.*

Vous êtes fort attentif!

FIGARO.

Et c'est mon devoir. Mais puisqu'il n'en est rien, Monseigneur, tous vos jeunes vassaux des deux sexes sont en bas avec les violons et les cornemuses, attendant pour m'accompagner, l'instant où vous permettrez que je mène ma fiancée.....

LE COMTE.

Et qui surveillera la Comtesse au château?

FIGARO.

La veiller! elle n'est pas malade.

LE COMTE.

Non; mais cet homme absent qui doit l'entretenir?

FIGARO.

Quel homme absent ?

LE COMTE.

L'homme du billet que vous avez remis à Bazile.

FIGARO.

Qui dit cela ?

LE COMTE.

Quand je ne le saurais pas d'ailleurs, fripon ! ta physionomie qui t'accuse me prouverait déjà que tu mens.

FIGARO.

S'il est ainsi, ce n'est pas moi qui mens, c'est ma physionomie.

SUZANNE.

Va, mon pauvre Figaro ! n'uses pas ton éloquence en défaites ; nous avons tout dit.

FIGARO.

Et quoi dit ? vous me traitez comme un Bazile !

SUZANNE.

Que tu avais écrit le billet de tantôt pour faire accroire à Monseigneur, quand il entrerait, que le petit Page était dans ce cabinet où je me suis enfermée.

LE COMTE.

Qu'as-tu à répondre ?

LA COMTESSE.

Il n'y a plus rien à cacher, Figaro ; le badinage est consommé.

FIGARO *cherchant à deviner.*

Le badinage.... est consommé ?

LE COMTE.

Oui, consommé. Que dis-tu là-dessus ?

FIGARO.

Moi! je dis.... que je voudrais bien qu'on en pût dire autant de mon mariage ; et si vous l'ordonnez....

LE COMTE.

Tu conviens donc enfin du billet ?

FIGARO.

Puisque Madame le veut, que Suzanne le veut, que vous le voulez vous-même, il faut bien que je le veuille aussi : mais à votre place, en vérité, Monseigneur, je ne croirais pas un mot de tout ce que nous vous disons.

LE COMTE.

Toujours mentir contre l'évidence ! à la fin cela m'irrite.

LA COMTESSE *en riant.*

Eh, ce pauvre garçon ! pourquoi voulez-vous, Monsieur, qu'il dise une fois la vérité ?

FIGARO *bas à Suzanne.*

Je l'avertis de son danger ; c'est tout ce qu'un honnête homme peut faire.

SUZANNE *bas.*

As-tu vu le petit Page ?

FIGARO *bas.*

Encore tout froissé.

SUZANNE *bas.*

Ah, Pécaïre !

LA COMTESSE.

Allons, monsieur le Comte, ils brûlent de s'unir : leur impatience est naturelle ! entrons pour la cérémonie.

LE COMTE *à part.*

Et Marceline, Marceline.... (*haut*) je voudrais être... au moins vêtu.

LA COMTESSE.

Pour nos gens! est-ce que je le suis?

SCENE XXI.

FIGARO, SUZANNE, LA COMTESSE, LE COMTE, ANTONIO.

ANTONIO, *demi-gris, tenant un pot de giroflées écrasées.*

MONSEIGNEUR! Monseigneur!

LE COMTE.

Que me veux-tu, Antonio?

ANTONIO.

Faites donc une fois griller les croisées qui donnent sur mes couches. On jette toutes sortes de choses par ces fenêtres; et tout à l'heure encore on vient d'en jeter un homme.

LE COMTE.

Par ces fenêtres?

ANTONIO.

Regardez comme on arrange mes giroflées!

SUZANNE *bas à Figaro.*

Alerte, Figaro! alerte.

FIGARO.

Monseigneur, il est gris dès le matin.

ANTONIO.

Vous n'y êtes pas. C'eſt un petit reſte d'hier. Voilà comme on fait des jugemens.... ténébreux.

LE COMTE *avec feu.*

Cet homme! cet homme! où eſt-il?

ANTONIO.

Où il eſt?

LE COMTE.

Oui.

ANTONIO.

C'eſt ce que je dis. Il faut me le trouver, déjà. Je ſuis votre domeſtique; il n'y a que moi qui prends ſoin de votre jardin; il y tombe un homme, et vous ſentez.... que ma réputation en eſt effleurée.

SUZANNE *bas à Figaro.*

Détourne, détourne.

FIGARO.

Tu boiras donc toujours?

ANTONIO.

Et ſi je ne buvais pas, je deviendrais enragé.

LA COMTESSE.

Mais en prendre ainſi ſans beſoin.....

ANTONIO.

Boire ſans ſoif et faire l'amour en tout temps, Madame; il n'y a que çà qui nous diſtingue des autres bêtes.

LE COMTE *vivement.*

Répons-moi donc, ou je vais te chaſſer.

ANTONIO.

Eſt-ce que je m'en irais?

LE COMTE.

Comment donc ?

ANTONIO *se touchant le front.*

Si vous n'avez pas assez de çà pour garder un bon domestique, je ne suis pas assez bête, moi, pour renvoyer un si bon maître.

LE COMTE *le secoue avec colère.*

On a, dis-tu, jeté un homme par cette fenêtre ?

ANTONIO.

Oui, mon Excellence ; tout à l'heure, en veste blanche, et qui s'est enfui, jarni, courant......

LE COMTE *impatienté.*

Après ?

ANTONIO.

J'ai bien voulu courir après ; mais je me suis donné contre la grille une si fière gourde à la main, que je ne peux plus remuer ni pied ni patte de ce doigt-là, (*levant le doigt.*)

LE COMTE.

Au moins tu reconnaîtrais l'homme ?

ANTONIO.

Oh ! que oui-dà !... si je l'avais vu, pourtant.

SUZANNE *bas à Figaro.*

Il ne l'a pas vu.

FIGARO.

Voilà bien du train pour un pot de fleurs ! combien te faut-il, pleurard ! avec ta giroflée ? Il est inutile de chercher, Monseigneur ; c'est moi qui ai sauté.

LE COMTE.

Comment c'est vous !

ANTONIO.

Combien te ſaut-il, pleurard? Votre corps a donc bien grandi depuis ce temps-là? car je vous ai trouvé beaucoup plus moindre et plus fluet!

FIGARO.

Certainement; quand on ſaute on ſe pelotone....

ANTONIO.

M'eſt avis que c'était plutôt..... qui dirait, le gringalet de Page.

LE COMTE.

Chérubin, tu veux dire?

FIGARO.

Oui, revenu tout exprès avec ſon cheval, de la porte de Séville, où peut-être il eſt déjà.

ANTONIO.

O! non, je ne dis pas çà, je ne dis pas çà; je n'ai pas vu ſauter de cheval, car je le dirais de même.

LE COMTE.

Quelle patience!

FIGARO.

J'étais dans la chambre des femmes en veſte blanche: il fait un chaud!.... J'attendais là ma Suzanette, quand j'ai ouï tout à coup la voix de Monſeigneur et le grand bruit qui ſe feſait: je ne ſais quelle crainte m'a ſaiſi à l'occaſion de ce billet; et s'il faut avouer ma bêtiſe, j'ai ſauté ſans réflexion ſur les couches, où je me ſuis même un peu foulé le pied droit. (*il frotte ſon pied.*)

ANTONIO.

Puiſque c'eſt vous, il eſt juſte de vous rendre ce brinborion de papier qui a coulé de votre veſte en tombant.

LE COMTE

LE COMTE *se jette dessus.*

Donne-le-moi. (*il ouvre le papier et le referme.*)

FIGARO, *à part.*

Je suis pris.

LE COMTE *à Figaro.*

La frayeur ne vous aura pas fait oublier ce que contient ce papier ni comment il se trouvait dans votre poche?

FIGARO *embarrassé fouille dans ses poches et en tire des papiers.*

Non surement.... mais c'est que j'en ai tant; il faut répondre à tout.... (*il regarde un des papiers.*) Ceci? ah! c'est une lettre de Marceline en quatre pages; elle est belle!.... Ne serait-ce pas la requête de ce pauvre braconnier en prison?.., non, la voici.... J'avais l'état des meubles du petit château dans l'autre poche....

(*Le Comte r'ouvre le papier qu'il tient.*)

LA COMTESSE, *bas à Suzanne.*

Ah dieux! Suzon, c'est le brevet d'officier.

SUZANNE, *bas à Figaro.*

Tout est perdu, c'est le brevet.

LE COMTE *replie le papier.*

Hé bien! l'homme aux expédiens, vous ne devinez pas?

ANTONIO *s'approchant de Figaro.*

Antonio.
Figaro.
Suzanne.
La Comtesse.
Le Comte.

Monseigneur dit si vous ne devinez pas?

FIGARO *le repousse.*

Fi donc, vilain, qui me parle dans le nez!

LE COMTE.

Vous ne vous rappelez pas ce que ce peut être?

FIGARO.

Ah ah ah ah! *Povero!* ce ſera le brevet de ce malheureux enfant qu'il m'avait remis, et que j'ai oublié de lui rendre. Oh oh oh oh! étourdi que je ſuis! que fera-t-il ſans ſon brevet? Il faut courir.....

LE COMTE.

Pourquoi vous l'aurait-il remis?

FIGARO *embarraſſé.*

Il.... déſirait qu'on y fît quelque choſe.

LE COMTE *regarde ſon papier.*

Il n'y manque rien.

LA COMTESSE, *bas à Suzanne.*

Le cachet.

SUZANNE, *bas à Figaro.*

Le cachet y manque.

LE COMTE *à Figaro.*

Vous ne répondez pas?

FIGARO.

C'eſt.... qu'en effet il y manque peu de choſe. Il dit que c'eſt l'uſage.

LE COMTE.

L'uſage! l'uſage! l'uſage de quoi?

FIGARO.

D'y appoſer le ſceau de vos armes. Peut-être auſſi que cela ne valait pas la peine.

LE COMTE *r'ouvre le papier et le chiffonne de colère.*

Allons, il eſt écrit que je ne ſaurai rien. (*à part*) C'eſt ce Figaro qui les mène, et je ne m'en vengerais pas! (*il veut ſortir avec dépit.*)

FIGARO *l'arrêtant.*

Vous ſortez ſans ordonner mon mariage?

SCÈNE XXII.

BAZILE, BARTHOLO, MARCELINE, FIGARO, LE COMTE, GRIPE-SOLEIL, LA COMTESSE, SUZANNE, ANTONIO, *Valets du Comte, ses Vassaux.*

MARCELINE *au Comte.*

NE l'ordonnez pas, Monseigneur; avant de lui faire grace, vous nous devez justice. Il a des engagemens avec moi.

LE COMTE, *à part.*

Voilà ma vengeance arrivée.

FIGARO.

Des engagemens? de quelle nature? expliquez-vous?

MARCELINE.

Oui, je m'expliquerai, malhonnête!

(*La Comtesse s'assied sur une bergère; Suzanne est derrière elle.*)

LE COMTE.

De quoi s'agit-il, Marceline?

MARCELINE.

D'une obligation de mariage.

FIGARO.

Un billet, voilà tout, pour de l'argent prêté.

MARCELINE *au Comte.*

Sous condition de m'épouser. Vous êtes un grand seigneur, le premier juge de la province.....

LE COMTE.

Présentez-vous au tribunal; j'y rendrai justice à tout le monde.

BAZILE *montrant Marceline.*

En ce cas, votre grandeur permet que je fasse aussi valoir mes droits sur Marceline?

LE COMTE, *à part.*

Ah! voilà mon fripon du billet.

FIGARO.

Autre fou de la même espèce!

LE COMTE *en colère à Bazile.*

Vos droits! vos droits! il vous convient bien de parler devant moi, maître sot!

ANTONIO *frappant dans sa main.*

Il ne l'a, ma foi, pas manqué du premier coup: c'est son nom.

LE COMTE.

Marceline, on suspendra tout jusqu'à l'examen de vos titres, qui se fera publiquement dans la grand'salle d'audience. Honnête Bazile! agent fidèle et sûr! allez au bourg chercher les gens du siége.

BAZILE.

Pour son affaire?

LE COMTE.

Et vous m'amènerez le paysan du billet.

BAZILE.

Est-ce que je le connais?

LE COMTE.

Vous résistez!

BAZILE.

Je ne suis pas entré au château pour en faire les commissions.

LE COMTE.

Quoi donc ?

BAZILE.

Homme à talent ſur l'orgue du village, je montre le clavecin à Madame, à chanter à ſes femmes, la mandoline aux pages ; et mon emploi, ſurtout, eſt d'amuſer votre compagnie avec ma guitare, quand il vous plaît me l'ordonner.

GRIPE-SOLEIL *s'avance.*

J'irai bien, Monſigneu, ſi cela vous plaira ?

LE COMTE.

Quel eſt ton nom et ton emploi ?

GRIPE-SOLEIL.

Je ſuis Gripe-Soleil, mon bon ſigneu ; le petit patouriau des chèvres, commandé pour le feu d'artifice. C'eſt fête aujourd'hui dans le troupiau ; et je ſais ous-ce-qu'eſt toute l'enragée boutique à procès du pays.

LE COMTE.

Ton zèle me plaît ; vas-y ; mais vous, (*à Bazile*) accompagnez Monſieur en jouant de la guitare, et chantant pour l'amuſer en chemin ; il eſt de ma compagnie.

GRIPE-SOLEIL *joyeux.*

Oh, moi, je ſuis de la....

(*Suzanne l'apaiſe de la main en lui montrant la Comteſſe.*)

BAZILE *ſurpris.*

Que j'accompagne Gripe-Soleil en jouant ?...

LE COMTE.

C'eſt votre emploi : partez, ou je vous chaſſe.

(*Il ſort.*)

SCÈNE XXIII.

Les Acteurs précédens, excepté le Comte.

BAZILE *à lui-même.*

AH! je n'irai pas lutter contre le pot de fer, moi qui ne suis....

FIGARO.

Qu'une cruche.

BAZILE, *à part.*

Au lieu d'aider à leur mariage, je m'en vais assurer le mien avec Marceline. (*à Figaro*) Ne conclus rien, crois-moi, que je ne sois de retour. (*il va prendre la guitare sur le fauteuil du fond.*)

FIGARO *le suit.*

Conclure! oh! va, ne crains rien; quand même tu ne reviendrais jamais.... tu n'as pas l'air en train de chanter; veux-tu que je commence?... allons, gai! haut la-mi-la pour ma fiancée. (*il se met en marche à reculons, danse en chantant la séguedille suivante; Bazile accompagne, et tout le monde le suit.*)

SEGUEDILLE; *air noté.*

Je préfère à richesse
La sagesse
De ma Suzon;
Zon, zon, zon,
Zon, zon, zon,
Zon, zon, zon,
Zon, zon, zon.

Aussi sa gentillesse
Est maîtresse
De ma raison ;
Zon, zon, zon,
Zon, zon, zon,
Zon, zon, zon,
Zon, zon, zon.

(*Le bruit s'éloigne, on n'entend pas le reste.*)

SCENE XXIV.

SUZANNE, LA COMTESSE.

LA COMTESSE *dans sa bergère.*

VOUS voyez, Suzanne, la jolie scène que votre étourdi m'a value avec son billet.

SUZANNE.

Ah! Madame, quand je suis rentrée du cabinet, si vous aviez vu votre visage! il s'est terni tout à coup; mais ce n'a été qu'un nuage; et par degrés vous êtes devenue rouge, rouge, rouge!

LA COMTESSE.

Il a donc sauté par la fenêtre?

SUZANNE.

Sans hésiter, le charmant enfant! léger..... comme une abeille.

LA COMTESSE.

Ah ce fatal jardinier! Tout cela m'a remuée au point.... que je ne pouvais rassembler deux idées.

SUZANNE.

Ah! Madame, au contraire; et c'eſt-là que j'ai vu combien l'uſage du grand monde donne d'aiſance aux dames comme il faut, pour mentir ſans qu'il y paraiſſe.

LA COMTESSE.

Crois-tu que le Comte en ſoit la dupe? et s'il trouvait cet enfant au château!

SUZANNE.

Je vais recommander de le cacher ſi bien....

LA COMTESSE.

Il faut qu'il parte. Après ce qui vient d'arriver, vous croyez bien que je ne ſuis pas tentée de l'envoyer au jardin à votre place.

SUZANNE.

Il eſt certain que je n'irai pas non plus. Voilà donc mon mariage encore une fois.....

LA COMTESSE *ſe lève.*

Attends... Au lieu d'un autre ou de toi, ſi j'y allais moi-même.

SUZANNE.

Vous, Madame?

LA COMTESSE.

Il n'y aurait perſonne d'expoſé.... le Comte alors ne pourrait nier.... Avoir puni ſa jalouſie et lui prouver ſon infidélité! cela ſerait.... Allons, le bonheur d'un premier haſard m'enhardit à tenter le ſecond. Fais-lui ſavoir promptement que tu te rendras au jardin; mais ſurtout que perſonne.....

SUZANNE.

Ah ! Figaro.

LA COMTESSE.

Non, non ; il voudrait mettre ici du sien.... Mon masque de velours et ma canne, que j'aille y rêver sur la terrasse. (*Suzanne entre dans le cabinet de toilette.*)

SCENE XXV.

LA COMTESSE *seule.*

IL est assez effronté mon petit projet ! (*elle se retourne.*) Ah le ruban ! mon joli ruban ! je t'oubliais ! (*elle le prend sur sa bergère et le roule.*) Tu ne me quitteras plus...., tu me rappelleras la scène où ce malheureux enfant.... Ah ! monsieur le Comte, qu'avez-vous fait ?.., et moi, que fais-je en ce moment ?

SCENE XXVI.

LA COMTESSE, SUZANNE.

(*La Comtesse met furtivement le ruban dans son sein.*)

SUZANNE.

VOICI la canne et votre loup.

LA COMTESSE.

Souviens-toi que je t'ai défendu d'en dire un mot à Figaro.

SUZANNE *avec joie.*

Madame, il eſt charmant votre projet. Je viens d'y réfléchir. Il rapproche tout, termine tout, embraſſe tout; et quelque choſe qui arrive, mon mariage eſt maintenant certain. (*elle baiſe la main de ſa maîtreſſe.*)

(*Elles ſortent.*)

Fin du ſecond Acte.

Pendant l'entr'acte, des valets arrangent la ſalle d'audience: on apporte les deux banquettes à doſſier des avocats, que l'on place aux deux côtés du théâtre, de façon que le paſſage ſoit libre par derrière. On poſe une eſtrade à deux marches dans le milieu du théâtre vers le fond, ſur laquelle on place le fauteuil du Comte. On met la table du greffier et ſon tabouret de côté ſur le devant, et des ſiéges pour Brid'oiſon et d'autres juges, des deux côtés de l'eſtrade du Comte.

Dessiné par S.t Quentin ancien Pensionaire du Roy *Gravé par Lienard*

Un pâ..âté? je sais ce que c'est.

ACTE III.

Le théâtre représente une salle du château, appelée salle du trône, et servant de salle d'audience, ayant sur le côté une impériale en dais, et dessous, le portrait du roi.

SCENE PREMIERE.

LE COMTE, PEDRILLE *en veste et botté, tenant un paquet cacheté.*

LE COMTE, *vîte.*

M'AS-TU bien entendu ?

PEDRILLE.

Excellence, oui. (*il sort.*)

SCENE II.

LE COMTE *seul, criant.*

PEDRILLE ?

SCENE III.

LE COMTE, PEDRILLE *revient.*

PEDRILLE.

EXCELLENCE?

LE COMTE.

On ne t'a pas vu?

PEDRILLE.

Ame qui vive.

LE COMTE.

Prenez le cheval barbe.

PEDRILLE.

Il eſt à la grille du potager, tout ſellé.

LE COMTE.

Ferme, d'un trait, juſqu'à Séville.

PEDRILLE.

Il n'y a que trois lieues, elles ſont bonnes.

LE COMTE.

En deſcendant, ſachez ſi le Page eſt arrivé.

PEDRILLE.

Dans l'hôtel?

LE COMTE.

Oui; ſurtout depuis quel temps?

PEDRILLE.

J'entends.

LE COMTE.

Remets-lui ſon brevet, et reviens vîte.

PEDRILLE.

Et s'il n'y était pas?

LE COMTE.

Revenez plus vîte, et m'en rendez compte : allez.

SCENE IV.

LE COMTE *seul, marche en rêvant.*

J'AI fait une gaucherie en éloignant Bazile!.... la colère n'est bonne à rien. — Ce billet remis par lui, qui m'avertit d'une entreprise sur la Comtesse; la Camariste enfermée quand j'arrive ; la maîtresse affectée d'une terreur fausse ou vraie ; un homme qui saute par la fenêtre, et l'autre après qui avoue.... ou qui prétend que c'est lui..... le fil m'échappe. Il y a là-dedans une obscurité..... Des libertés chez mes vassaux, qu'importe à gens de cette étoffe? Mais la Comtesse! si quelque insolent attentait.... où m'égarai-je? En vérité quand la tête se monte, l'imagination la mieux réglée devient folle comme un rêve! — Elle s'amusait; ces ris étouffés, cette joie mal éteinte! — Elle se respecte, et mon honneur..... où diable on l'a placé! De l'autre part où suis-je? Cette friponne de Suzanne a-t-elle trahi mon secret? comme il n'est pas encore le sien.... Qui donc m'enchaîne à cette fantaisie? j'ai voulu vingt fois y renoncer...... Etrange effet de l'irrésolution! si je la voulais sans débat, je la désirerais mille fois moins. — Ce Figaro se fait bien attendre! il faut le sonder adroitement, (*Figaro paraît dans le fond; il s'arrête.*) et tâcher, dans la conversation que je vais avoir avec lui, de démêler, d'une manière détournée, s'il est instruit ou non de mon amour pour Suzanne;

SCENE V.

LE COMTE, FIGARO.

FIGARO, *à part.*

Nous y voilà.

LE COMTE.

..... s'il en fait par elle un seul mot.....

FIGARO, *à part.*

Je m'en suis douté.

LE COMTE.

..... je lui fais épouser la vieille.

FIGARO, *à part.*

Les amours de monsieur Bazile.

LE COMTE.

..... et voyons ce que nous ferons de la jeune.

FIGARO, *à part.*

Ah! ma femme, s'il vous plaît.

LE COMTE *se retourne.*

Hein? quoi? qu'est-ce que c'est?

FIGARO *s'avance.*

Moi, qui me rends à vos ordres.

LE COMTE.

Et pourquoi ces mots?

FIGARO.

Je n'ai rien dit.

LE COMTE *répète.*

Ma femme, s'il vous plaît?

FIGARO.

C'eſt.... la fin d'une réponſe que je fesais : *allez le dire à ma femme ; s'il vous plaît.*

LE COMTE *ſe promène.*

Sa femme!.... Je voudrais bien ſavoir quelle affaire peut arrêter Monſieur, quand je le fais appeler?

FIGARO *feignant d'aſſurer ſon habillement.*

Je m'étais ſali ſur ces couches en tombant; je me changeais.

LE COMTE.

Faut-il une heure?

FIGARO.

Il faut le temps.

LE COMTE.

Les domeſtiques ici.... ſont plus longs à s'habiller que les maîtres!

FIGARO.

C'eſt qu'ils n'ont point de valets pour les y aider.

LE COMTE.

....Je n'ai pas trop compris ce qui vous avait forcé tantôt de courir un danger inutile, en vous jetant....

FIGARO.

Un danger! on dirait que je me ſuis engouffré tout vivant....

LE COMTE.

Eſſayez de me donner le change, en feignant de le prendre, inſidieux valet! vous entendez fort bien que ce n'eſt pas le danger qui m'inquiéte, mais le motif.

FIGARO.

Sur un faux avis, vous arrivez furieux, renversant tout, comme le torrent de *la Morena;* vous cherchez un homme; il vous le faut, ou vous allez briser les portes, enfoncer les cloisons; je me trouve-là par hasard; qui sait dans votre emportement si.....

LE COMTE *interrompant.*

Vous pouviez fuir par l'escalier.

FIGARO.

Et vous, me prendre au corridor.

LE COMTE *en colère.*

Au corridor! (*à part*) je m'emporte, et nuis à ce que je veux savoir.

FIGARO, *à part.*

Voyons-le venir, et jouons serré.

LE COMTE *radouci.*

Ce n'est pas ce que je voulais dire, laissons cela. J'avais.... oui, j'avais quelqu'envie de t'emmener à Londres, courrier de dépêches,... mais toutes réflexions faites.....

FIGARO.

Monseigneur a changé d'avis?

LE COMTE.

Premièrement, tu ne sais pas l'anglais.

FIGARO.

Je sais *God-dam.*

LE COMTE.

Je n'entends pas.

FIGARO.

Je dis que je sais *God-dam.*

LE COMTE.

LE COMTE.

Hé bien ?

FIGARO.

Diable ! c'eſt une belle langue que l'anglais ; il en faut peu pour aller loin : avec *God-dam* en Angleterre, on ne manque de rien nulle part. — Voulez-vous tâter d'un bon poulet gras ? entrez dans une taverne, et faites ſeulement ce geſte au garçon ; (*il tourne la broche*) *God-dam !* on vous apporte un pied de bœuf ſalé ſans pain. C'eſt admirable ! Aimez-vous à boire un coup d'excellent Bourgogne ou de Clairet ? rien que celui-ci ; (*il débouche une bouteille*) *God-dam !* on vous ſert un pot de bierre en bel étain, la mouſſe aux bords : quelle ſatisfaction ! Rencontrez-vous une de ces jolies perſonnes qui vont trottant menu, les yeux baiſſés, coudes en arrière, et tortillant un peu des hanches ? mettez mignardement tous les doigts unis ſur la bouche ; ah ! *God-dam !* elle vous ſangle un ſoufflet de crocheteur : preuve qu'elle entend. Les Anglais, à la vérité, ajoutent par-ci, par-là quelques autres mots en converſant ; mais il eſt bien aiſé de voir que *God-dam* eſt le fond de la langue ; et ſi Monſeigneur n'a pas d'autre motif de me laiſſer en Eſpagne.....

LE COMTE, *à part.*

Il veut venir à Londres ; elle n'a pas parlé.

FIGARO, *à part.*

Il croit que je ne ſais rien ; travaillons-le un peu dans ſon genre.

LE COMTE.

Quel motif avait la Comteſſe pour me jouer un pareil tour ?

FIGARO.

Ma foi, Monſeigneur, vous le ſavez mieux que moi.

LE COMTE.

Je la préviens sur tout, et la comble de présens.

FIGARO.

Vous lui donnez, mais vous êtes infidèle. Sait-on gré du superflu à qui nous prive du nécessaire ?

LE COMTE.

.... Autrefois tu me disais tout.

FIGARO.

Et maintenant je ne vous cache rien.

LE COMTE.

Combien la Comtesse t'a-t-elle donné pour cette belle association ?

FIGARO.

Combien me donnâtes-vous pour la tirer des mains du Docteur ! tenez, Monseigneur ; n'humilions pas l'homme qui nous sert bien, crainte d'en faire un mauvais valet.

LE COMTE.

Pourquoi faut-il qu'il y ait toujours du louche en ce que tu fais ?

FIGARO.

C'est qu'on en voit par-tout quand on cherche des torts.

LE COMTE.

Une réputation détestable !

FIGARO.

Et si je vaux mieux qu'elle ? y a-t-il beaucoup de seigneurs qui puissent en dire autant ?

LE COMTE.

Cent fois je t'ai vu marcher à la fortune, et jamais aller droit.

FIGARO.

Comment voulez-vous? la foule est là : chacun veut courir, on se presse, on pousse, on coudoie, on renverse, arrive qui peut; le reste est écrasé. Aussi, c'est fait; pour moi j'y renonce.

LE COMTE.

A la fortune? (*à part*) Voici du neuf.

FIGARO.

(*à part*) A mon tour maintenant. (*haut*) Votre Excellence m'a gratifié de la conciergerie du château; c'est un fort joli sort : à la vérité je ne serai pas le courrier étrenné des nouvelles intéressantes; mais en revanche, heureux avec ma femme au fond de l'Andalousie.....

LE COMTE.

Qui t'empêcherait de l'emmener à Londres?

FIGARO.

Il faudrait la quitter si souvent, que j'aurais bientôt du mariage par-dessus la tête.

LE COMTE.

Avec du caractère et de l'esprit, tu pourrais un jour t'avancer dans les bureaux.

FIGARO.

De l'esprit pour s'avancer? Monseigneur se rit du mien. Médiocre et rampant; et l'on arrive à tout.

LE COMTE.

.... Il ne faudrait qu'étudier un peu sous moi la politique.

FIGARO.

Je la sais.

LE COMTE.

Comme l'anglais, le fond de la langue!

FIGARO.

Oui, s'il y avait de quoi se vanter. Mais feindre d'ignorer ce qu'on sait, de savoir tout ce qu'on ignore; d'entendre ce qu'on ne comprend pas, de ne point ouïr ce qu'on entend; surtout de pouvoir au-delà de ses forces: avoir souvent pour grand secret de cacher qu'il n'y en a point; s'enfermer pour tailler des plumes, et paraître profond quand on n'est, comme on dit, que vide et creux: jouer bien ou mal un personnage; répandre des espions et pensionner des traîtres; amolir des cachets; intercepter des lettres; et tâcher d'anoblir la pauvreté des moyens par l'importance des objets: voilà toute la politique, ou je meure!

LE COMTE.

Eh! c'est l'intrigue que tu définis!

FIGARO.

La politique, l'intrigue, volontiers; mais comme je les crois un peu germaines, en fasse qui voudra. *J'aime mieux ma mie au gué*, comme dit la chanson du bon roi.

LE COMTE, *à part.*

Il veut rester. J'entends.... Suzanne m'a trahi.

FIGARO, *à part.*

Je l'enfile, et le paye en sa monnaie.

LE COMTE.

Ainsi tu espères gagner ton procès contre Marceline?

FIGARO.

Me feriez-vous un crime de refuser une vieille fille, quand votre Excellence se permet de nous souffler toutes les jeunes?

LE COMTE *raillant.*

Au tribunal, le magiſtrat s'oublie, et ne voit plus que l'ordonnance.

FIGARO.

Indulgente aux grands, dure aux petits.....

LE COMTE.

Crois-tu donc que je plaiſante ?

FIGARO.

Eh! qui le ſait, Monſeigneur? *Tempo e galant'uomo*, dit l'italien; il dit toujours la vérité : c'eſt lui qui m'apprendra qui me veut du mal ou du bien.

LE COMTE, *à part.*

Je vois qu'on lui a tout dit; il épouſera la duègne.

FIGARO, *à part.*

Il a joué au fin avec moi; qu'a-t-il appris?

SCENE VI.

LE COMTE, UN LAQUAIS, FIGARO.

LE LAQUAIS *annonçant.*

DOM Guſman Brid'oiſon.

LE COMTE.

Brid'oiſon ?

FIGARO.

Eh! ſans doute. C'eſt le juge ordinaire; le lieutenant du ſiége; votre prud'homme.

LE COMTE.

Qu'il attende.

(*Le laquais ſort.*)

SCENE VII.

LE COMTE, FIGARO.

FIGARO *reste un moment à regarder le Comte qui rêve.*

.... EST-CE-LA ce que Monseigneur voulait ?

LE COMTE *revenant à lui.*

Moi ?.... je disais d'arranger ce salon pour l'audience publique.

FIGARO.

Hé, qu'est-ce qu'il manque ? le grand fauteuil pour vous, de bonnes chaises aux prud'hommes, le tabouret du greffier, deux banquettes aux avocats, le plancher pour le beau monde, et la canaille derrière. Je vais renvoyer les frotteurs.

(*Il sort.*)

SCENE VIII.

LE COMTE *seul.*

LE maraut m'embarrassait ! en disputant, il prend son avantage, il vous serre, vous enveloppe..... Ah friponne et fripon ! vous vous entendez pour me jouer ? soyez amis, soyez amans, soyez ce qu'il vous plaira, j'y consens ; mais, parbleu, pour époux....

SCENE IX.

SUZANNE, LE COMTE.

SUZANNE *essoufflée.*

MONSEIGNEUR.... pardon, Monseigneur.

LE COMTE *avec humeur.*

Qu'est-ce qu'il y a, Mademoiselle ?

SUZANNE.

Vous êtes en colère !

LE COMTE.

Vous voulez quelque chose apparemment ?

SUZANNE *timidement.*

C'est que ma maîtresse a ses vapeurs. J'accourais vous prier de nous prêter votre flacon d'éther. Je l'aurais rapporté dans l'instant.

LE COMTE *le lui donne.*

Non, non, gardez-le pour vous-même. Il ne tardera pas à vous être utile.

SUZANNE.

Est-ce que les femmes de mon état ont des vapeurs, donc ? c'est un mal de condition qu'on ne prend que dans les boudoirs.

LE COMTE.

Une fiancée bien éprise, et qui perd son futur....

SUZANNE.

En payant Marceline, avec la dot que vous m'avez promise.....

LE COMTE.

Que je vous ai promise, moi ?

SUZANNE *baissant les yeux.*

Monseigneur, j'avais cru l'entendre.

LE COMTE.

Oui, si vous consentiez à m'entendre vous-même.

SUZANNE, *les yeux baissés.*

Et n'est-ce pas mon devoir d'écouter son Excellence?

LE COMTE.

Pourquoi donc, cruelle fille ! ne me l'avoir pas dit plutôt ?

SUZANNE.

Est-il jamais trop tard pour dire la vérité ?

LE COMTE.

Tu te rendrais sur la brune au jardin ?

SUZANNE.

Est-ce que je ne m'y promène pas tous les soirs ?

LE COMTE.

Tu m'as traité ce matin si durement !

SUZANNE.

Ce matin ? — et le Page derrière le fauteuil ?

LE COMTE.

Elle a raison, je l'oubliais. Mais pourquoi ce refus obstiné, quand Bazile, de ma part ?....

SUZANNE.

Quelle nécessité qu'un Bazile ?....

LE COMTE.

Elle a toujours raison. Cependant il y a un certain Figaro à qui je crains bien que vous n'ayez tout dit !

SUZANNE.

Dame! oui, je lui dis tout, — hors ce qu'il faut lui taire.

LE COMTE *en riant.*

Ah charmante! et tu me le promets? si tu manquais à ta parole, entendons-nous, mon cœur: point de rendez-vous; point de dot, point de mariage.

SUZANNE *fesant la révérence.*

Mais aussi; point de mariage, point de droit du seigneur, Monseigneur.

LE COMTE.

Où prend-elle ce qu'elle dit? d'honneur j'en rafollerai! mais ta maîtresse attend le flacon.....

SUZANNE *riant et rendant le flacon.*

Aurais-je pu vous parler sans un prétexte?

LE COMTE *veut l'embrasser.*

Délicieuse créature!

SUZANNE *s'échappe.*

Voilà du monde.

LE COMTE, *à part.*

Elle est à moi. (*il s'enfuit.*)

SUZANNE.

Allons vîte rendre compte à Madame.

SCENE X.

SUZANNE, FIGARO.

FIGARO.

SUZANNE, Suzanne ! où cours-tu donc si vîte en quittant Monseigneur ?

SUZANNE.

Plaide à présent, si tu le veux ; tu viens de gagner ton procès. (*elle s'enfuit.*)

FIGARO *la suit.*

Ah ! mais, dis donc....

SCENE XI.

LE COMTE *rentre seul.*

TU viens de gagner ton procès ! — Je donnais-là dans un bon piége ! O mes chers insolens ! je vous punirai de façon.... Un bon arrêt, bien juste.... mais s'il allait payer la duègne.... avec quoi ?... s'il payait..... Eeeeh ! n'ai-je pas le fier Antonio, dont le noble orgueil dédaigne en Figaro un inconnu pour sa nièce ? En caressant cette manie..... pourquoi non ? dans le vaste champ de l'intrigue, il faut savoir tout cultiver, jusqu'à la vanité d'un sot. (*il appelle*) Anto... (*il voit entrer Marceline, &c.*)

(*Il sort.*)

SCENE XII.

BARTHOLO, MARCELINE, BRID'OISON.

MARCELINE *à Brid'oison.*

MONSIEUR, écoutez mon affaire.

BRID'OISON *en robe, et bégayant un peu.*

Eh bien ! pa-arlons-en verbalement.

BARTHOLO.

C'est une promesse de mariage.

MARCELINE.

Accompagnée d'un prêt d'argent.

BRID'OISON.

J'en-entends, *et cætera*, le reste.

MARCELINE.

Non, Monsieur, point d'*et cætera.*

BRID'OISON.

J'en-entends : vous avez la somme ?

MARCELINE.

Non, Monsieur, c'est moi qui l'ai prêtée.

BRID'OISON.

J'en-entends bien, vou-ous redemandez l'argent ?

MARCELINE.

Non, Monsieur ; je demande qu'il m'épouse.

BRID'OISON.

Hé mais, j'en-entends fort bien ; et lui, veu-eut-il vous épouser ?

MARCELINE.

Non, Monsieur; voilà tout le procès!

BRID'OISON.

Croyez-vous que je ne l'en-entende pas, le procès?

MARCELINE.

Non, Monsieur: (*à Bartholo*) où sommes-nous! (*à Brid'oison*) Quoi! c'est vous qui nous jugerez?

BRID'OISON.

Est-ce que j'ai a-acheté ma charge pour autre chose?

MARCELINE, *en soupirant.*

C'est un grand abus que de les vendre!

BRID'OISON.

Oui, l'on-on ferait mieux de nous les donner pour rien. Contre qui plai-aidez-vous?

SCENE XIII.

BARTHOLO, MARCELINE, BRID'OISON, FIGARO *rentre en se frottant les mains.*

MARCELINE, *montrant Figaro.*

MONSIEUR, contre ce malhonnête-homme.

FIGARO, *très-gaiement*, *à Marceline.*

Je vous gêne, peut-être. — Monseigneur revient dans l'instant, monsieur le Conseiller.

BRID'OISON.

J'ai vu ce ga-arçon-là quelque part.

FIGARO.

Chez madame votre femme, à Séville, pour la servir, monsieur le Conseiller.

BRID'OISON.

Dan-ans quel temps ?

FIGARO.

Un peu moins d'un an avant la naiſſance de monſieur votre fils le cadet, qui eſt un bien joli enfant, je m'en vante.

BRID'OISON.

Oui, c'eſt le plus jo-oli de tous. On dit que tu-u fais ici des tiennes ?

FIGARO.

Monſieur eſt bien bon. Ce n'eſt-là qu'une misère.

BRID'OISON.

Une promeſſe de mariage ! A-ah ! le pauvre benêt !

FIGARO.

Monſieur.....

BRID'OISON.

A-t-il vu mon-on ſecrétaire, ce bon garçon ?

FIGARO.

N'eſt-ce pas Double-main, le greffier ?

BRID'OISON.

Oui, c'eſt qu'il mange à deux rateliers.

FIGARO.

Manger ! je ſuis garant qu'il dévore. Oh que oui, je l'ai vu, pour l'extrait et pour le ſupplément d'extrait ; comme cela ſe pratique, au reſte.

BRID'OISON.

On-on doit remplir les formes.

FIGARO.

Aſſurément, Monſieur : ſi le fond des procès appartient aux plaideurs, on ſait bien que la forme eſt le patrimoine des tribunaux.

BRID'OISON.

Ce garçon-là n'è-eſt pas ſi niais que je l'avais cru d'abord. Hé bien, l'ami, puiſque tu en ſais tant; nou-ous aurons ſoin de ton affaire.

FIGARO.

Monſieur, je m'en rapporte à votre équité, quoique vous ſoyez de notre juſtice.

BRID'OISON.

Hein ?.... Oui, je ſuis de la-a juſtice. Mais ſi tu dois, et que tu-u ne payes pas ?...

FIGARO.

Alors Monſieur voit bien que c'eſt comme ſi je ne devais pas.

BRID'OISON.

San-ans doute. — Hé mais, qu'eſt-ce donc qu'il dit ?

SCENE XIV.

BARTHOLO, MARCELINE, LE COMTE, BRID'OISON, FIGARO, UN HUISSIER.

L'HUISSIER, *précédant le Comte, crie.*

MONSEIGNEUR, Meſſieurs.

LE COMTE.

En robe ici, ſeigneur Brid'oiſon ! ce n'eſt qu'une affaire domeſtique : l'habit de ville était trop bon.

BRID'OISON.

C'è-eſt vous qui l'êtes, monſieur le Comte. Mais je ne vais jamais ſan-ans elle ; parce que la forme, voyez-vous ; la forme ! Tel rit d'un juge en habit court, qui-i tremble au ſeul aſpect d'un procureur en robe. La forme, la-a forme !

LE COMTE, *à l'huissier.*

Faites entrer l'audience.

L'HUISSIER *va ouvrir en glapissant.*

L'audience.

SCENE XV.

LES ACTEURS PRÉCÉDENS, ANTONIO, LES VALETS DU CHATEAU, LES PAYSANS ET PAYSANNES *en habits de fête;* LE COMTE *s'assied sur le grand fauteuil,* BRID'OISON *sur une chaise à côté;* LE GREFFIER *sur le tabouret derrière sa table;* LES JUGES, LES AVOCATS *sur les banquettes;* MARCELINE *à côté de* BARTHOLO; FIGARO *sur l'autre banquette;* LES PAYSANS ET VALETS *debout derrière.*

BRID'OISON *à Double-main.*

DOUBLE-MAIN, a-appelez les causes.

DOUBLE-MAIN *lit un papier.*

Noble, très-noble, infiniment noble, *dom Pédro George, Hidalgo, baron de Los altos, y montes fieros, y otros montes:* contre *Alonzo Calderon*, jeune auteur dramatique. Il est question d'une comédie mort-née, que chacun désavoue et rejette sur l'autre.

LE COMTE.

Ils ont raison tous deux. Hors de cour. S'ils font ensemble un autre ouvrage, pour qu'il marque un peu dans le grand monde, ordonné que le noble y mettra son nom, le poëte son talent.

DOUBLE-MAIN *lit un autre papier.*

André Pétrutchio, laboureur; contre le receveur de la province. Il s'agit d'un forcement arbitraire.

LE COMTE.

L'affaire n'eſt pas de mon reſſort. Je ſervirai mieux mes vaſſaux, en les protégeant près du roi. Paſſez.

DOUBLE-MAIN *en prend un troiſième.*

(*Bartholo et Figaro ſe lèvent.*)

Barbe-Agar-Raab-Magdelène-Nicole-Marceline de Verte-allure, fille majeure; (*Marceline ſe lève et ſalue*) contre *Figaro*.... nom de baptême en blanc?

FIGARO.

Anonyme.

BRID'OISON.

A-anonyme! Què-el patron eſt-ce-là?

FIGARO.

C'eſt le mien.

DOUBLE-MAIN *écrit.*

Contre anonyme *Figaro*. Qualités?

FIGARO.

Gentilhomme.

LE COMTE.

Vous êtes gentilhomme? (*le greffier écrit.*)

FIGARO.

Si le ciel l'eût voulu, je ſerais fils d'un prince.

LE COMTE, *au Greffier.*

Allez.

L'HUISSIER, *glapiſſant.*

Silence, Meſſieurs.

DOUBLE-MAIN

DOUBLE-MAIN *lit.*

.... Pour cauſe d'oppoſition faite au mariage dudit *Figaro*, par ladite *de Verte-allure*. Le docteur *Bartholo* plaidant pour la demandereſſe, et ledit *Figaro* pour lui-même; ſi la cour le permet, contre le vœu de l'uſage, et la juriſprudence du ſiége.

FIGARO.

L'uſage, maître Double-main, eſt ſouvent un abus; le client un peu inſtruit ſait toujours mieux ſa cauſe que certains avocats, qui, ſuant à froid, criant à tue tête, et connaiſſant tout, hors le fait, s'embarraſſent auſſi peu de ruiner le plaideur, que d'ennuyer l'auditoire et d'endormir Meſſieurs; plus bourſoufflés après, que s'ils euſſent composé l'*oratio pro Murenâ*: moi je dirai le fait en peu de mots. Meſſieurs....

DOUBLE-MAIN.

En voilà beaucoup d'inutiles, car vous n'êtes pas demandeur, et n'avez que la défenſe: avancez, Docteur, et liſez la promeſſe.

FIGARO.

Oui, promeſſe!

BARTHOLO, *mettant ſes lunettes.*

Elle eſt préciſe.

BRID'OISON.

I-il faut la voir.

DOUBLE-MAIN.

Silence donc, Meſſieurs.

L'HUISSIER, *glapiſſant.*

Silence.

BARTHOLO *lit.*

Je soussigné, reconnais avoir reçu de damoiselle, &c.... *Marceline de Verte-allure, dans le château d'Aguas-Frescas, la somme de deux mille piastres fortes cordonnées; laquelle somme je lui rendrai à sa réquisition, dans ce château; et je l'épouserai, par forme de reconnaissance, &c.* signé *Figaro*, tout court. Mes conclusions sont au payement du billet, et à l'exécution de la promesse, avec dépens. (*il plaide*) Messieurs.... jamais cause plus intéressante ne fut soumise au jugement de la cour! et depuis *Alexandre le grand*, qui promit mariage à la belle *Thalestris*.....

LE COMTE, *interrompant.*

Avant d'aller plus loin, Avocat, convient-on de la validité du titre?

BRID'OISON, *à Figaro.*

Qu'oppo...qu'oppo-osez-vous à cette lecture?

FIGARO.

Qu'il y a, Messieurs, malice, erreur, ou distraction dans la manière dont on a lu la pièce; car il n'est pas dit dans l'écrit: *laquelle somme je lui rendrai, ET je l'épouserai; mais, laquelle somme je lui rendrai, OU je l'épouserai;* ce qui est bien différent.

LE COMTE.

Y a-t-il ET dans l'acte, ou bien OU?

BARTHOLO.

Il y a ET.

FIGARO.

Il y a OU.

BRID'OISON.

Dou-ouble-main, lisez vous-même.

DOUBLE-MAIN, *prenant le papier.*

Et c'eſt le plus ſûr; car ſouvent les parties déguiſent en liſant. (*il lit*) E e e *damoiſelle* e e e *de Verte-allure* e e e. Ha! *laquelle ſomme je lui rendrai à ſa réquiſition, dans ce château... ET... OU... ET... OU...* Le mot eſt ſi mal écrit... il y a un pâté.

BRID'OISON.

Un pâ-âté? je ſais ce que c'eſt.

BARTHOLO, *plaidant.*

Je ſoutiens, moi, que c'eſt la conjonction copulative ET qui lie les membres co-relatifs de la phraſe : je paierai la demoiſelle, ET je l'épouſerai.

FIGARO *plaidant.*

Je ſoutiens, moi, que c'eſt la conjonction alternative OU qui ſépare leſdits membres; je paierai la donzelle, OU je l'épouſerai : à pédant, pédant et demi; qu'il s'aviſe de parler latin, j'y ſuis grec; je l'extermine.

LE COMTE.

Comment juger pareille queſtion?

BARTHOLO.

Pour la trancher, Meſſieurs, et ne plus chicaner ſur un mot, nous paſſons qu'il y ait OU.

FIGARO.

J'en demande acte.

BARTHOLO.

Et nous y adhérons. Un ſi mauvais refuge ne ſauvera pas le coupable : examinons le titre en ce ſens. (*il lit*) *Laquelle ſomme je lui rendrai dans ce château où je l'épouſerai;* c'eſt ainſi qu'on dirait, Meſſieurs : *Vous vous ferez ſaigner dans ce lit* où *vous reſterez chaudement*, c'eſt dans lequel.

Il prendra deux gros de rhubarbe où vous mêlerez un peu de tamarin, dans lesquels vous mêlerez. Ainsi, *château où je l'épouserai*, Messieurs, *c'est château dans lequel.....*

FIGARO.

Point du tout : la phrase est dans le sens de celle-ci : Ou *la maladie vous tuera*, ou *ce sera le médecin ;* ou bien *le médecin ;* c'est incontestable. Autre exemple : Ou *vous n'écrirez rien qui plaise*, ou *les sots vous dénigreront ;* ou bien *les sots ;* le sens est clair ; car, audit cas, *sots ou méchans* sont le substantif qui gouverne. Maître Bartholo croit-il donc que j'aye oublié ma syntaxe ? ainsi, je la paierai dans ce château, *virgule*, *ou* je l'épouserai.....

BARTHOLO, *vite.*

Sans virgule.

FIGARO, *vite.*

Elle y est. C'est, *virgule*, Messieurs, ou bien je l'epouserai.

BARTHOLO, *regardant le papier : vite.*

Sans virgule, Messieurs.

FIGARO, *vite.*

Elle y était, Messieurs. D'ailleurs, l'homme qui épouse est-il tenu de rembourser ?

BARTHOLO, *vite.*

Oui ; nous nous marions séparés de biens.

FIGARO, *vite.*

Et nous de corps, dès que mariage n'est pas quittance. (*les juges se lèvent et opinent tout bas.*)

BARTHOLO.

Plaisant acquittement !

DOUBLE-MAIN.

Silence, Meſſieurs.

L'HUISSIER, *glapiſſant.*

Silence.

BARTHOLO.

Un pareil fripon appelle cela payer ſes dettes!

FIGARO.

Eſt-ce votre cauſe, Avocat, que vous plaidez?

BARTHOLO.

Je défends cette demoiſelle.

FIGARO.

Continuez à déraiſonner; mais ceſſez d'injurier. Lorſque, craignant l'emportement des plaideurs, les tribunaux ont toléré qu'on appelât des tiers, ils n'ont pas entendu que ces défenſeurs modérés deviendraient impunément des inſolens privilégiés. C'eſt dégrader le plus noble inſtitut. (*Les juges continuent d'opiner bas.*)

ANTONIO, *à Marceline, montrant les juges.*

Qu'ont-ils tant à balbucifier?

MARCELINE.

On a corrompu le grand juge, il corrompt l'autre, et je perds mon procès.

BARTHOLO, *bas, d'un ton ſombre.*

J'en ai peur.

FIGARO, *gaiement.*

Courage, Marceline.

DOUBLE-MAIN *ſe lève; à Marceline.*

Ah, c'eſt trop fort! je vous dénonce; et pour l'honneur du tribunal, je demande qu'avant faire droit ſur l'autre affaire, il ſoit prononcé ſur celle-ci.

LE COMTE *s'assied.*

Non, Greffier, je ne prononcerai point sur mon injure personnelle : un juge espagnol n'aura point à rougir d'un excès, digne au plus, des tribunaux asiatiques : c'est assez des autres abus ! J'en vais corriger un second en vous motivant mon arrêt : tout juge qui s'y refuse, est un grand ennemi des lois ! Que peut requérir la demanderesse ? mariage à défaut de paiement ; les deux ensemble impliqueraient.

DOUBLE-MAIN.

Silence, Messieurs.

L'HUISSIER, *glapissant.*

Silence.

LE COMTE.

Que nous répond le défendeur ? qu'il veut garder sa personne ; à lui permis.

FIGARO, *avec joie.*

J'ai gagné.

LE COMTE.

Mais comme le texte dit : *laquelle somme je paierai à la première réquisition, ou bien j'épouserai, &c.* La cour condamne le défendeur à payer deux mille piastres fortes à la demanderesse, ou bien à l'épouser dans le jour. (*il se lève.*)

FIGARO *stupéfait.*

J'ai perdu.

ANTONIO, *avec joie.*

Superbe arrêt.

FIGARO.

En quoi superbe ?

ANTONIO.

En ce que tu n'es plus mon neveu. Grand merci, Monſeigneur.

L'HUISSIER, *glapiſſant.*

Paſſez, Meſſieurs. (*le peuple ſort.*)

ANTONIO.

Je m'en vas tout conter à ma nièce. (*il ſort.*)

SCENE XVI.

LE COMTE, *allant de côté et d'autre;* MARCELINE, BARTHOLO, FIGARO, BRID'OISON.

MARCELINE *s'aſſied.*

AH! je reſpire.

FIGARO.

Et moi, j'étouffe.

LE COMTE, *à part.*

Au moins je ſuis vengé, cela ſoulage.

FIGARO, *à part.*

Et ce Bazile qui devait s'oppoſer au mariage de Marceline, voyez comme il revient! — (*au Comte qui ſort*) Monſeigneur, vous nous quittez?

LE COMTE.

Tout eſt jugé.

FIGARO, *à Brid'oiſon.*

C'eſt ce gros enflé de Conſeiller....

BRID'OISON.

Moi, gro-os enflé!

FIGARO.

Sans doute. Et je ne l'épouserai pas : je suis gentilhomme une fois. (*le Comte s'arrête.*)

BARTHOLO.

Vous l'épouserez.

FIGARO.

Sans l'aveu de mes nobles parens ?

BARTHOLO.

Nommez-les, montrez-les.

FIGARO.

Qu'on me donne un peu de temps : je suis bien près de les revoir ; il y a quinze ans que je les cherche.

BARTHOLO.

Le fat ! c'est quelqu'enfant trouvé !

FIGARO.

Enfant perdu, Docteur ; ou plutôt enfant volé.

LE COMTE *revient.*

Volé, *perdu*, la preuve ? il crierait qu'on lui fait injure !

FIGARO.

Monseigneur, quand les langes à dentelles, tapis brodés et joyaux d'or trouvés sur moi par les brigands, n'indiqueraient pas ma haute naissance, la précaution qu'on avait prise de me faire des marques distinctives, témoignerait assez combien j'étais un fils précieux : et cet hiéroglyphe à mon bras.... (*il veut se dépouiller le bras droit.*)

MARCELINE, *se levant vivement.*

Une spatule à ton bras droit ?

FIGARO.

D'où ſavez-vous que je dois l'avoir ?

MARCELINE.

Dieux ! c'eſt lui !

FIGARO.

Oui, c'eſt moi.

BARTHOLO, *à Marceline.*

Et qui ? lui !

MARCELINE, *vivement.*

C'eſt Emmanuel.

BARTHOLO, *à Figaro.*

Tu fus enlevé par des Bohémiens ?

FIGARO, *exalté.*

Tout près d'un château. Bon Docteur, ſi vous me rendez à ma noble famille, mettez un prix à ce ſervice ; des monceaux d'or n'arrêteront pas mes illuſtres parens.

BARTHOLO, *montrant Marceline.*

Voilà ta mère.

FIGARO.

.... Nourrice ?

BARTHOLO.

Ta propre mère.

LE COMTE.

Sa mère !

FIGARO.

Expliquez-vous.

MARCELINE, *montrant Bartholo.*

Voilà ton père.

FIGARO, *désolé.*

Oh oh oh ! aye de moi.

MARCELINE.

Est-ce que la nature ne te l'a pas dit mille fois ?

FIGARO.

Jamais.

LE COMTE, *à part.*

Sa mère !

BRID'OISON.

C'est clair, i-il ne l'épousera pas.

☞ BARTHOLO.

Ni moi non plus.

MARCELINE.

Ni vous ! et votre fils ? vous m'aviez juré....

BARTHOLO.

J'étais fou. Si pareils souvenirs engageaient, on serait tenu d'épouser tout le monde.

BRID'OISON.

E-et si l'on y regardait de si près, per-ersonne n'épouserait personne.

BARTHOLO.

Des fautes si connues ! une jeunesse déplorable !

MARCELINE, *s'échauffant par degrés.*

Oui, déplorable, et plus qu'on ne croit ! je n'entends pas nier mes fautes, ce jour les a trop bien prouvées ! mais qu'il est dur de les expier après trente ans d'une vie modeste ! j'étais née, moi, pour être sage, et je la

☞ Ce qui suit, enfermé entre ces deux index, a été retranché par les Comédiens français aux représentations de Paris.

ſuis devenue ſitôt qu'on m'a permis d'uſer de ma raiſon. Mais dans l'âge des illuſions, de l'inexpérience et des beſoins, où les ſéducteurs nous aſſiégent, pendant que la misère nous poignarde, que peut oppoſer une enfant à tant d'ennemis raſſemblés ? Tel nous juge ici ſévérement, qui, peut-être, en ſa vie a perdu dix infortunées !

FIGARO.

Les plus coupables ſont les moins généreux ; c'eſt la règle.

MARCELINE, *vivement.*

Hommes plus qu'ingrats, qui flétriſſez par le mépris les jouets de vos paſſions, vos victimes ! c'eſt vous qu'il faut punir des erreurs de notre jeuneſſe ; vous et vos magiſtrats, ſi vains du droit de nous juger, et qui nous laiſſent enlever, par leur coupable négligence, tout honnête moyen de ſubſiſter. Eſt-il un ſeul état pour les malheureuſes filles ? Elles avaient un droit naturel à toute la parure des femmes ; on y laiſſe former mille ouvriers de l'autre ſexe.

FIGARO, *en colère.*

Ils font broder juſqu'aux ſoldats !

MARCELINE *exaltée.*

Dans les rangs mêmes plus élevés, les femmes n'obtiennent de vous qu'une conſidération dériſoire ; leurées de reſpects apparens, dans une ſervitude réelle ; traitées en mineures pour nos biens, punies en majeures pour nos fautes ! ah ! ſous tous les aſpects, votre conduite avec nous fait horreur ou pitié !

FIGARO.

Elle a raiſon !

LE COMTE, *à part.*

Que trop raiſon !

BRID'OISON.

Elle a, mon-on Dieu, raison.

MARCELINE.

Mais que nous font, mon fils, les refus d'un homme injuste? ne regarde pas d'où tu viens, vois où tu vas; cela seul importe à chacun. Dans quelques mois, ta fiancée ne dépendra plus que d'elle-même; elle t'acceptera, j'en réponds: vis entre une épouse, une mère tendres, qui te chériront à qui mieux mieux. Sois indulgent pour elles, heureux pour toi, mon fils; gai, libre, et bon pour tout le monde: il ne manquera rien à ta mère.

FIGARO.

Tu parles d'or, maman, et je me tiens à ton avis. Qu'on est sot en effet! il y a des mille mille ans que le monde roule; et dans cet océan de durée où j'ai par hasard attrapé quelques chétifs trente ans qui ne reviendront plus, j'irais me tourmenter pour savoir à qui je les dois! tant pis pour qui s'en inquiète. Passer ainsi la vie à chamailler, c'est peser sur le collier sans relâche, comme les malheureux chevaux de la remonte des fleuves, qui ne reposent pas, même quand ils s'arrêtent, et qui tirent toujours quoiqu'ils cessent de marcher. Nous attendrons. ☞

LE COMTE.

Sot événement qui me dérange!

BRID'OISON, *à Figaro.*

Et la noblesse et le château? vous impo-osez à la justice?

FIGARO.

Elle allait me faire faire une belle sottise, la justice! après que j'ai manqué, pour ces maudits cent écus, d'assommer vingt fois Monsieur, qui se trouve aujourd'hui mon père! mais, puisque le ciel a sauvé ma vertu de ces dangers, mon père, agréez mes excuses..... Et vous, ma mère, embrassez-moi..... le plus maternellement que vous pourrez.

(*Marceline lui saute au cou.*)

SCENE XVII.

BARTHOLO, FIGARO, MARCELINE, BRID'OISON, SUZANNE, ANTONIO, LE COMTE.

SUZANNE, *accourant, une bourse à la main.*

MONSEIGNEUR, arrêtez; qu'on ne les marie pas: je viens payer Madame avec la dot que ma maîtresse me donne.

LE COMTE, *à part.*

Au diable la maîtresse! Il semble que tout conspire....

(*Il sort.*)

SCENE XVIII.

BARTHOLO, ANTONIO, SUZANNE, FIGARO, MARCELINE, BRID'OISON.

ANTONIO, *voyant Figaro embrasser sa mère, dit à Suzanne.*

AH! oui, payer! Tiens, tiens.

SUZANNE *se retourne.*

J'en vois assez : sortons, mon oncle.

FIGARO, *l'arrêtant.*

Non, s'il vous plaît. Que vois-tu donc?

SUZANNE.

Ma bêtise et ta lâcheté.

FIGARO.

Pas plus de l'une que de l'autre.

SUZANNE *en colère.*

Et que tu l'épouses à gré, puisque tu la caresses.

FIGARO, *gaiement.*

Je la caresse; mais je ne l'épouse pas.

(*Suzanne veut sortir, Figaro la retient.*)

SUZANNE *lui donne un soufflet.*

Vous êtes bien insolent d'oser me retenir!

FIGARO, *à la compagnie.*

C'est-il çà de l'amour? Avant de nous quitter, je t'en supplie, envisage bien cette chère femme-là.

SUZANNE.

Je la regarde.

FIGARO.

Et tu la trouves ?

SUZANNE.

Affreuſe.

FIGARO.

Et vive la jalouſie ! elle ne vous marchande pas.

MARCELINE, *les bras ouverts.*

Embraſſe ta mère, ma jolie Suzanette. Le méchant qui te tourmente eſt mon fils.

SUZANNE *court à elle.*

Vous ſa mère ! (*elles reſtent dans les bras l'une de l'autre.*)

ANTONIO.

C'eſt donc de tout à l'heure ?

FIGARO.

.... Que je le ſais.

MARCELINE *exaltée.*

Non, mon cœur entraîné vers lui ne ſe trompait que de motif ; c'était le ſang qui me parlait.

FIGARO.

Et moi, le bon ſens, ma mère, qui me ſervait d'inſtinct quand je vous refuſais, car j'étais loin de vous haïr ; témoin l'argent....

MARCELINE *lui remet un papier.*

Il eſt à toi : reprends ton billet, c'eſt ta dot.

SUZANNE *lui jette la bourſe.*

Prends encore celle-ci.

FIGARO.

Grand merci.

MARCELINE *exaltée.*

Fille aſſez malheureuſe, j'allais devenir la plus miſérable des femmes, et je ſuis la plus fortunée des mères! Embraſſez-moi, mes deux enfans; j'unis dans vous toutes mes tendreſſes. Heureuſe autant que je puis l'être, ah! mes enfans, combien je vais aimer!

FIGARO *attendri : avec vivacité.*

Arrête donc, chère mère! arrête donc! voudrais-tu voir ſe fondre en eau mes yeux noyés des premières larmes que je connaiſſe? elles ſont de joie, au moins. Mais quelle ſtupidité! j'ai manqué d'en être honteux: je les ſentais couler entre mes doigts, regarde; (*il montre ſes doigts écartés*) et je les retenais bêtement! vas te promener la honte! je veux rire et pleurer en même temps; on ne ſent pas deux fois ce que j'éprouve. (*il embraſſe ſa mère d'un côté, Suzanne de l'autre.*)

Bartholo.
Antonio.
Suzanne.
Figaro.
Marceline,
Brid'oiſon,

MARCELINE.

O mon ami!

SUZANNE.

Mon cher ami!

BRID'OISON *s'eſſuyant les yeux d'un mouchoir.*

Eh bien! moi! je ſuis donc bê-ête auſſi!

FIGARO *exalté.*

Chagrin, c'eſt maintenant que je puis te défier: atteins-moi, ſi tu l'oſes, entre ces deux femmes chéries.

ANTONIO, *à Figaro.*

Pas tant de cajoleries, s'il vous plaît. En fait de mariage dans les familles, celui des parens va devant, ſavez. Les vôtres ſe baillent-ils la main?

BARTHOLO.

BARTHOLO.

Ma main! puiſſe-t-elle ſe deſſécher et tomber, ſi jamais je la donne à la mère d'un tel drôle!

ANTONIO, *à Barthôlo.*

Vous n'êtes donc qu'un père marâtre? (*à Figaro*) En ce cas, not' galant, plus de parole.

SUZANNE.

Ah! mon oncle....

ANTONIO.

Irai-je donner l'enfant de not' ſœur à ſti qui n'eſt l'enfant de perſonne?

BRID'OISON.

Eſt-ce que cela-a ſe peut, imbécille? on-on eſt toujours l'enfant de quelqu'un.

ANTONIO.

Tarare!... il ne l'aura jamais. (*il ſort.*)

SCENE XIX.

BARTHOLO, SUZANNE, FIGARO, MARCELINE, BRID'OISON.

BARTHOLO, *à Figaro.*

ET cherche à préſent qui t'adopte. (*il veut ſortir.*)

MARCELINE *courant prendre Bartholo à bras le corps, le ramène.*

Arrêtez, Docteur, ne ſortez pas.

FIGARO, *à part.*

Non, tous les ſots d'Andalouſie ſont, je crois, déchaînés contre mon pauvre mariage!

Suzanne.
Bartholo.
Marceline.
Figaro.
Brid'oison.

SUZANNE, *à Bartholo.*

Bon petit papa, c'eſt votre fils.

MARCELINE, *à Bartholo.*

De l'eſprit, des talens, de la figure.

FIGARO, *à Bartholo.*

Et qui ne vous a pas coûté une obole.

BARTHOLO.

Et les cent écus qu'il m'a pris ?

MARCELINE, *le careſſant.*

Nous aurons tant de ſoin de vous, papa !

SUZANNE, *le careſſant.*

Nous vous aimerons tant, petit papa !

BARTHOLO, *attendri.*

Papa ! bon papa ! petit papa ! voilà que je ſuis plus bête encore que Monſieur, moi. (*montrant Brid'oiſon*) Je me laiſſe aller comme un enfant. (*Marceline et Suzanne l'embraſſent*) Oh ! non, je n'ai pas dit oui. (*il ſe retourne*) Qu'eſt donc devenu Monſeigneur ?

FIGARO.

Courons le joindre ; arrachons-lui ſon dernier mot. S'il machinait quelqu'autre intrigue, il faudrait tout recommencer.

TOUS ENSEMBLE.

Courons, courons.

(*Ils entraînent Bartholo dehors.*)

SCENE XX.

BRID'OISON *ſeul.*

PLUS bê-ête encore que Monſieur ! on peut ſe dire à ſoi-même ces-es ſortes de choſes-là, mais.... i-ils ne ſont pas polis du tout dan-ans cet endroit-ci. (*il ſort.*)

Fin du troiſième Acte.

Dessiné par St. Quentin ancien Pensionaire du Roi. Gravé par Lingé

Il vous rend chaste et pure aux mains de votre époux.

ACTE IV.

Le théâtre représente une galerie ornée de candelabres, de lustres allumés, de fleurs, de guirlandes; en un mot, préparée pour donner une fête. Sur le devant à droite est une table avec une écritoire, un fauteuil derrière.

SCENE PREMIERE.

FIGARO, SUZANNE.

FIGARO, *la tenant à bras le corps.*

HÉ bien! amour, es-tu contente? elle a converti son Docteur, cette fine langue dorée de ma mère! malgré sa répugnance il l'épouse, et ton bourru d'oncle est bridé; il n'y a que Monseigneur qui rage; car enfin notre hymen va devenir le prix du leur. Ris donc un peu de ce bon résultat.

SUZANNE.

As-tu rien vu de plus étrange?

FIGARO.

Ou plutôt d'aussi gai. Nous ne voulions qu'une dot arrachée à l'Excellence; en voilà deux dans nos mains qui ne sortent pas des siennes. Une rivale acharnée te poursuivait; j'étais tourmenté par une furie; tout cela s'est changé, pour nous, dans *la plus bonne* des mères. Hier j'étais comme seul au monde, et voilà que j'ai tous mes parens, pas si magnifiques, il est vrai, que je me les étais galonnés; mais assez bien pour nous, qui n'avons pas la vanité des riches.

SUZANNE.

Aucune des choses que tu avais disposées, que nous attendions, mon ami, n'est pourtant arrivée !

FIGARO.

Le hasard a mieux fait que nous tous, ma petite : ainsi va le monde ; on travaille, on projette, on arrange d'un côté ; la fortune accomplit de l'autre : et depuis l'affamé conquérant qui voudrait avaler la terre, jusqu'au paisible aveugle qui se laisse mener par son chien, tous sont le jouet de ses caprices ; encore l'aveugle au chien est-il souvent mieux conduit, moins trompé dans ses vues, que l'autre aveugle avec son entourage. — Pour cet aimable aveugle, qu'on nomme Amour..... (*il la reprend tendrement à bras le corps.*)

SUZANNE.

Ah ! c'est le seul qui m'intéresse !

FIGARO.

Permets donc que, prenant l'emploi de la folie, je sois le bon chien qui le mène à ta jolie mignone porte ; et nous voilà logés pour la vie.

SUZANNE, *riant.*

L'Amour et toi ?

FIGARO.

Moi et l'Amour.

SUZANNE.

Et vous ne chercherez pas d'autre gîte ?

FIGARO.

Si tu m'y prends, je veux bien que mille millions de galans.....

SUZANNE.

Tu vas exagérer : dis ta bonne vérité.

FIGARO.

Ma vérité la plus vraie !

SUZANNE.

Fi donc, vilain ! en a-t-on plusieurs ?

FIGARO.

Oh ! que oui. Depuis qu'on a remarqué qu'avec le temps vieilles folies deviennent sagesse, et qu'anciens petits mensonges assez mal plantés ont produit de grosses, grosses vérités ; on en a de mille espèces : et celles qu'on sait, sans oser les divulguer ; car toute vérité n'est pas bonne à dire : et celles qu'on vante, sans y ajouter foi ; car toute vérité n'est pas bonne à croire : et les sermens passionnés, les menaces des mères, les protestations des buveurs, les promesses des gens en place, le dernier mot de nos marchands ; cela ne finit pas. Il n'y a que mon amour pour Suzon qui soit une vérité de bon aloi.

SUZANNE.

J'aime ta joie, parce qu'elle est folle ; elle annonce que tu es heureux. Parlons du rendez-vous du Comte.

FIGARO.

Ou plutôt n'en parlons jamais ; il a failli me coûter Suzanne.

SUZANNE.

Tu ne veux donc plus qu'il ait lieu ?

FIGARO.

Si vous m'aimez, Suzon ; votre parole d'honneur sur ce point : qu'il s'y morfonde ; et c'est sa punition.

SUZANNE.

Il m'en a plus coûté de l'accorder, que je n'ai de peine à le rompre : il n'en sera plus question.

FIGARO.

Ta bonne vérité?

SUZANNE.

Je ne suis pas comme vous autres savans; moi, je n'en ai qu'une.

FIGARO.

Et tu m'aimeras un peu?

SUZANNE.

Beaucoup.

FIGARO.

Ce n'est guère.

SUZANNE.

Et comment?

FIGARO.

En fait d'amour, vois-tu, trop n'est pas même assez.

SUZANNE.

Je n'entends pas toutes ces finesses; mais je n'aimerai que mon mari.

FIGARO.

Tiens parole, et tu feras une belle exception à l'usage. (*il veut l'embrasser.*)

SCENE II.

FIGARO, SUZANNE, LA COMTESSE.

LA COMTESSE.

AH! j'avais raison de le dire; en quelque endroit qu'ils soient, croyez qu'ils sont ensemble. Allons donc, Figaro, c'est voler l'avenir, le mariage et vous-même, que d'usurper un tête à tête. On vous attend, on s'impatiente.

FIGARO.

Il eſt vrai, Madame, je m'oublie. Je vais leur montrer mon excuſe.

(Il veut emmener Suzanne.)

LA COMTESSE *la retient.*

Elle vous ſuit.

SCENE III.

SUZANNE, LA COMTESSE.

LA COMTESSE.

AS-TU ce qu'il nous faut pour troquer de vêtement ?

SUZANNE.

Il ne faut rien, Madame ; le rendez-vous ne tiendra pas.

LA COMTESSE.

Ah ! vous changez d'avis ?

SUZANNE.

C'eſt Figaro.

LA COMTESSE.

Vous me trompez.

SUZANNE.

Bonté divine !

LA COMTESSE.

Figaro n'eſt pas homme à laiſſer échapper une dot.

SUZANNE.

Madame ! eh ! que croyez-vous donc ?

LA COMTESSE.

Qu'enfin, d'accord avec le Comte, il vous fâche à préfent de m'avoir confié fes projets. Je vous fais par cœur. Laiffez-moi. (*elle veut fortir.*)

SUZANNE *fe jette à genoux.*

Au nom du Ciel efpoir de tous! vous ne favez pas, Madame, le mal que vous faites à Suzanne! après vos bontés continuelles et la dot que vous me donnez!....

LA COMTESSE *la relève.*

Hé mais...., je ne fais ce que je dis! en me cédant ta place au jardin, tu n'y vas pas, mon cœur; tu tiens parole à ton mari; tu m'aides à ramener le mien.

SUZANNE.

Comme vous m'avez affligée!

LA COMTESSE.

C'eft que je ne fuis qu'une étourdie. (*elle la baife au front*) Où eft ton rendez-vous?

SUZANNE *lui baife la main.*

Le mot de jardin m'a feul frappée.

LA COMTESSE, *montrant la table.*

Prends cette plume, et fixons un endroit.

SUZANNE.

Lui écrire!

LA COMTESSE.

Il le faut.

SUZANNE.

Madame! au moins, c'eft vous....

LA COMTESSE.

Je mets tout sur mon compte. (*Suzanne s'assied; la Comtesse dicte.*)

Chanson nouvelle, sur l'air :.... Qu'il fera beau ce soir sous les grands maronniers !.... Qu'il fera beau ce soir....

SUZANNE *écrit.*

Sous les grands maronniers !... après?

LA COMTESSE.

Crains-tu qu'il ne t'entende pas?

SUZANNE *relit.*

C'est juste. (*elle plie le billet*) Avec quoi cacheter?

LA COMTESSE.

Une épingle, dépêche : elle servira de réponse. Ecris sur le revers : *renvoyez-moi le cachet.*

SUZANNE *écrit en riant.*

Ah!.... *le cachet...* celui-ci, Madame, est plus gai que celui du brevet.

LA COMTESSE, *avec un souvenir douloureux.*

Ah!

SUZANNE *cherche sur elle.*

Je n'ai pas d'épingle à présent!

LA COMTESSE *détache sa lévite.*

Prends celle-ci. (*le ruban du Page tombe de son sein à terre*) Ah! mon ruban!

SUZANNE *le ramasse.*

C'est celui du petit voleur! vous avez eu la cruauté!...

LA COMTESSE.

Fallait-il le laisser à son bras? c'eût été joli! donnez donc.

SUZANNE.

Madame ne le portera plus, taché du sang de ce jeune homme.

LA COMTESSE *le reprend.*

Excellent pour Fanchette..... le premier bouquet qu'elle m'apportera.

SCENE IV.

UNE JEUNE BERGERE, CHERUBIN *en fille;* FANCHETTE, *et beaucoup de jeunes filles habillées comme elle et tenant des bouquets.*

LA COMTESSE, SUZANNE.

FANCHETTE.

MADAME, ce sont les filles du bourg qui viennent vous présenter des fleurs.

LA COMTESSE *serrant vîte son ruban.*

Elles sont charmantes: je me reproche, mes belles petites, de ne pas vous connaître toutes. (*montrant Chérubin*) Quelle est cette aimable enfant qui a l'air si modeste?

UNE BERGERE.

C'est une cousine à moi, Madame, qui n'est ici que pour la noce.

LA COMTESSE.

Elle est jolie. Ne pouvant porter vingt bouquets, fesons honneur à l'étrangère. (*elle prend le bouquet de Chérubin, et le baise au front*) Elle en rougit! (*à Suzanne*) Ne trouves-tu pas, Suzon...... qu'elle ressemble à quelqu'un?

SUZANNE.

A s'y méprendre, en vérité.

CHERUBIN, *à part, les mains sur son cœur.*

Ah ! ce baiser-là m'a été bien loin !

SCENE V.

LES JEUNES FILLES, CHERUBIN *au milieu d'elles*, FANCHETTE, ANTONIO, LE COMTE, LA COMTESSE, SUZANNE.

ANTONIO.

MOI je vous dis, Monseigneur, qu'il y est ; elles l'ont habillé chez ma fille ; toutes ses hardes y sont encore, et voilà son chapeau d'ordonnance que j'ai retiré du paquet. (*il s'avance, et regardant toutes les filles il reconnaît Chérubin, lui enlève son bonnet de femme, ce qui fait retomber ses longs cheveux en cadenette ; il lui met sur la tête le chapeau d'ordonnance, et dit :*) Eh ! parguenne, v'là notre officier.

LA COMTESSE *recule.*

Ah ! Ciel !

SUZANNE.

Ce friponneau !

ANTONIO.

Quand je disais là-haut que c'était lui !...

LE COMTE, *en colère.*

Hé bien, Madame !

LA COMTESSE.

Hé bien, Monsieur ! vous me voyez plus surprise que vous, et, pour le moins, aussi fâchée.

LE COMTE.

Oui ; mais tantôt, ce matin ?

LA COMTESSE.

Je serais coupable, en effet, si je dissimulais encore. Il était descendu chez moi. Nous entamions le badinage que ces enfans viennent d'achever ; vous nous avez surprises l'habillant : votre premier mouvement est si vif ! il s'est sauvé, je me suis troublée ; l'effroi général a fait le reste.

LE COMTE, *avec dépit, à Chérubin.*

Pourquoi n'êtes-vous pas parti ?

CHERUBIN *ôtant son chapeau brusquement.*

Monseigneur.....

LE COMTE.

Je punirai ta désobéissance.

FANCHETTE *étourdiment.*

Ah ! Monseigneur, entendez-moi. Toutes les fois que vous venez m'embrasser, vous savez bien que vous dites toujours : *Si tu veux m'aimer, petite Fanchette, je te donnerai ce que tu voudras.*

LE COMTE, *rougissant.*

Moi ! j'ai dit cela ?

FANCHETTE.

Oui, Monseigneur. Au lieu de punir Chérubin, donnez-le-moi en mariage, et je vous aimerai à la folie.

LE COMTE, *à part.*

Etre ensorcelé par un page !

LA COMTESSE.

Hé bien! Monſieur, à votre tour; l'aveu de cette enfant, auſſi naïf que le mien, atteſte enfin deux vérités: que c'eſt toujours ſans le vouloir, ſi je vous cauſe des inquiétudes, pendant que vous épuiſez tout, pour augmenter et juſtifier les miennes.

ANTONIO.

Vous auſſi, Monſeigneur? Dame! je vous la redreſſerai comme feüe ſa mère, qui eſt morte..... Ce n'eſt pas pour la conſéquence; mais c'eſt que Madame ſait bien que les petites filles, quand elles ſont grandes.....

LE COMTE *déconcerté, à part.*

Il y a un mauvais génie qui tourne tout ici contre moi!

SCENE VI.

LES JEUNES FILLES, CHERUBIN, ANTONIO, FIGARO, LE COMTE, LA COMTESSE, SUZANNE.

FIGARO.

MONSEIGNEUR, ſi vous retenez nos filles, on ne pourra commencer ni la fête ni la danſe.

LE COMTE.

Vous, danſer! vous n'y penſez pas. Après votre chûte de ce matin, qui vous a foulé le pied droit!

FIGARO, *remuant la jambe.*

Je ſouffre encore un peu; ce n'eſt rien. (*aux jeunes filles*) Allons, mes belles, allons.

LE COMTE *le retourne.*

Vous avez été fort heureux que ces couches ne fussent que du terreau bien doux !

FIGARO.

Très-heureux, sans doute ; autrement....

ANTONIO *le retourne.*

Puis il s'est pelotonné en tombant jusqu'en bas.

FIGARO.

Un plus adroit, n'est-ce pas, serait resté en l'air ! (*aux jeunes filles*) Venez-vous, Mesdemoiselles ?

ANTONIO *le retourne.*

Et pendant ce temps le petit Page galopait sur son cheval à Séville ?

FIGARO.

Galopait, ou marchait au pas.....

LE COMTE *le retourne.*

Et vous aviez son brevet dans la poche ?

FIGARO *un peu étonné.*

Assurément ; mais quelle enquête ? (*aux jeunes filles*) Allons donc, jeunes filles !

ANTONIO, *attirant Chérubin par le bras.*

En voici une qui prétend que mon neveu futur n'est qu'un menteur.

FIGARO *surpris.*

Chérubin !... (*à part*) peste du petit fat !

ANTONIO.

Y es-tu maintenant ?

FIGARO, *cherchant.*

J'y suis... j'y suis.... Hé ! qu'est-ce qu'il chante ?

LE COMTE *sèchement.*

Il ne chante pas ; il dit que c'est lui qui a sauté sur les giroflées.

FIGARO, *rêvant.*

Ah ! s'il le dit.... cela se peut ; je ne dispute pas de ce que j'ignore.

LE COMTE.

Ainsi vous et lui ?...

FIGARO.

Pourquoi non ? la rage de sauter peut gagner : voyez les moutons de Panurge ; et quand vous êtes en colère, il n'y a personne qui n'aime mieux risquer....

LE COMTE.

Comment, deux à la fois !...

FIGARO.

On aurait sauté deux douzaines ; et qu'est-ce que cela fait, Monseigneur, dès qu'il n'y a personne de blessé ? (*aux jeunes filles*) Ah ça, voulez-vous venir, ou non ?

LE COMTE *outré.*

Jouons-nous une comédie ? (*on entend un prélude de fanfare.*)

FIGARO.

Voilà le signal de la marche. A vos postes, les belles, à vos postes. Allons, Suzanne, donne-moi le bras. (*Tous s'enfuient, Chérubin reste seul la tête baissée.*)

SCENE VII.

CHERUBIN, LE COMTE, LA COMTESSE.

LE COMTE, *regardant aller Figaro.*

EN voit-on de plus audacieux ? (*au Page*) Pour vous, monſieur le ſournois, qui faites le honteux, allez vous r'habiller bien vîte ; et que je ne vous rencontre nulle part de la ſoirée.

LA COMTESSE.

Il va bien s'ennuyer.

CHERUBIN *étourdiment.*

M'ennuyer ! j'emporte à mon front du bonheur pour plus de cent années de priſon.

(*Il met ſon chapeau et s'enfuit.*)

SCENE VIII.

LE COMTE, LA COMTESSE.

(*La Comtesse s'évente fortement, sans parler.*)

LE COMTE.

QU'A-T-IL au front de si heureux ?

LA COMTESSE, *avec embarras.*

Son... premier chapeau d'officier, sans doute ; aux enfans tout sert de hochet.

(*Elle veut sortir.*)

LE COMTE.

Vous ne nous restez pas, Comtesse ?

LA COMTESSE.

Vous savez que je ne me porte pas bien.

LE COMTE.

Un instant pour votre protégée, ou je vous croirais en colère.

LA COMTESSE.

Voici les deux noces, asseyons-nous donc pour les recevoir.

LE COMTE, *à part.*

La noce ! il faut souffrir ce qu'on ne peut empêcher.

(*Le Comte et la Comtesse s'asseyent vers un des côtés de la galerie.*)

SCENE IX.

LE COMTE, LA COMTESSE, *assis ; l'on joue les folies d'Espagne d'un mouvement de marche.* (Symphonie notée.)

MARCHE.

LES GARDES-CHASSE, *fusil sur l'épaule.*

L'ALGUAZIL, LES PRUD'HOMMES, BRID'OISON.

LES PAYSANS ET PAYSANNES, *en habits de fête.*

DEUX JEUNES FILLES *portant la toque virginale à plumes blanches.*

DEUX AUTRES, *le voile blanc.*

DEUX AUTRES, *les gants et le bouquet de côté.*

ANTONIO *donne la main à* SUZANNE, *comme étant celui qui la marie à* FIGARO.

D'AUTRES JEUNES FILLES *portent une autre toque, un autre voile, un autre bouquet blanc, semblables aux premiers, pour* MARCELINE.

FIGARO *donne la main à* MARCELINE, *comme celui qui doit la remettre au* DOCTEUR, *lequel ferme la marche, un gros bouquet au côté. Les jeunes filles, en passant devant le Comte, remettent à ses valets tous les ajustemens destinés à* SUZANNE *et à* MARCELINE.

LES PAYSANS ET PAYSANNES *s'étant rangés sur deux colonnes à chaque côté du sallon, on danse une reprise du fendango* (air noté) *avec des castagnettes : puis on joue la ritournelle du* duo, *pendant laquelle* ANTONIO *conduit* SUZANNE *au* COMTE; *elle se met à genoux devant lui.*

Pendant que le Comte lui pose la toque, le voile, et lui donne le bouquet, deux jeunes filles chantent le duo *suivant.*

(Air noté.)

Jeune épouse, chantez les bienfaits et la gloire
D'un maître qui renonce aux droits qu'il eut sur vous :
Préférant au plaisir la plus noble victoire,
Il vous rend chaste et pure aux mains de votre époux.

SUZANNE *est à genoux, et pendant les derniers vers du* duo, *elle tire le Comte par son manteau et lui montre le billet qu'elle tient : puis elle porte la main qu'elle a du côté des spectateurs à sa tête, où le Comte a l'air d'ajuster sa toque ; elle lui donne le billet.*

LE COMTE *le met furtivement dans son sein ; on achève de chanter le* duo ; *la fiancée se relève, et lui fait une grande révérence.*

FIGARO *vient la recevoir des mains du Comte et se retire avec elle, à l'autre côté du sallon, près de Marceline.*)

(*On danse une autre reprise du fendango pendant ce temps.*)

LE COMTE, *pressé de lire ce qu'il a reçu, s'avance au bord du théâtre et tire le papier de son sein ; mais en le sortant il fait le geste d'un homme qui s'est cruellement piqué le doigt ; il le secoue, le presse, le suce, et regardant le papier cacheté d'une épingle, il dit :*

LE COMTE.

(*Pendant qu'il parle, ainsi que Figaro, l'orchestre joue pianissimo.*)

DIANTRE soit des femmes, qui fourent des épingles par-tout ! (*il la jette à terre, puis il lit le billet et le baise.*)

FIGARO, *qui a tout vu, dit à sa mère et à Suzanne :*

C'est un billet doux, qu'une fillette aura glissé dans sa main en passant. Il était cacheté d'une épingle, qui l'a outrageusement piqué.

La danse reprend : le Comte qui a lu le billet le retourne ; il y voit l'invitation de renvoyer le cachet pour réponse. Il cherche à terre, et retrouve enfin l'épingle qu'il attache à sa manche.

FIGARO, *à Suzanne et à Marceline.*

D'un objet aimé tout est cher. Le voilà qui ramasse l'épingle. Ah ! c'est une drôle de tête !

Pendant ce temps, Suzanne a des signes d'intelligence avec la Comtesse. La danse finit ; la ritournelle du duo *recommence.*

(*Figaro conduit Marceline au Comte, ainsi qu'on a conduit Suzanne ; à l'instant où le Comte prend la toque, et où l'on va chanter le* duo*, on est interrompu par les cris suivans.*)

L'HUISSIER, *criant à la porte.*

Arrêtez donc, Messieurs, vous ne pouvez entrer tous... Ici les gardes ! les gardes ! (*Les gardes vont vîte à cette porte.*)

LE COMTE, *se levant.*

Qu'est-ce qu'il y a ?

L'HUISSIER.

Monseigneur, c'est monsieur Bazile entouré d'un village entier, parce qu'il chante en marchant.

LE COMTE.

Qu'il entre seul.

LA COMTESSE.

Ordonnez-moi de me retirer.

LE COMTE.

Je n'oublie pas votre complaisance.

LA COMTESSE.

Suzanne?.... elle reviendra.. (*à part à Suzanne*) Allons changer d'habits. (*elle sort avec Suzanne.*)

MARCELINE.

Il n'arrive jamais que pour nuire.

FIGARO.

Ah! je m'en vais vous le faire déchanter!

SCENE X.

TOUS LES ACTEURS PRECEDENS, *excepté la Comtesse et Suzanne ;* BAZILE *tenant sa guitare*, GRIPE-SOLEIL.

BAZILE *entre en chantant sur l'air du Vaudeville de la fin.* (Air noté.)

» Cœurs sensibles, cœurs fidèles,
» Qui blâmez l'Amour léger,
» Cessez vos plaintes cruelles ;
» Est-ce un crime de changer?
» Si l'Amour porte des ailes,
» N'est-ce pas pour voltiger?
» N'est-ce pas pour voltiger?
» N'est-ce pas pour voltiger?

FIGARO *s'avance à lui.*

Oui, c'est pour cela justement qu'il a des ailes au dos ; notre ami, qu'entendez-vous par cette musique?

BAZILE, *montrant Gripe-soleil.*

Qu'après avoir prouvé mon obéissance à Monseigneur, en amusant Monsieur, qui est de sa compagnie, je pourrai à mon tour réclamer sa justice.

GRIPE-SOLEIL.

Bah ! Monſigneu ! il ne m'a pas amuſé du tout : avec leux guenilles d'ariettes....

LE COMTE.

Enfin, que demandez-vous, Bazile ?

BAZILE.

Ce qui m'appartient, Monſeigneur, la main de Marceline ; et je viens m'oppoſer....

FIGARO *s'approche.*

Y a-t-il long-temps que Monſieur n'a vu la figure d'un fou ?

BAZILE.

Monſieur, en ce moment même.

FIGARO.

Puiſque mes yeux vous ſervent ſi bien de miroir, étudiez-y l'effet de ma prédiction. Si vous faites mine ſeulement d'approximer Madame....

BARTHOLO, *en riant.*

Eh pourquoi ? laiſſe-le parler.

BRID'OISON *s'avance entre deux.*

Fau-aut-il que deux amis ?...

FIGARO.

Nous amis !

BAZILE.

Quelle erreur !

FIGARO, *vîte.*

Parce qu'il fait de plats airs de chapelle ?

BAZILE, *vîte.*

Et lui, des vers comme un journal ?

FIGARO, *vîte.*

Un muſicien de guinguette !

BAZILE, *vîte.*

Un poſtillon de gazette !

FIGARO, *vîte.*

Cuiſtre d'oratorio !

BAZILE, *vîte.*

Jockey diplomatique !

LE COMTE *aſſis.*

Inſolens tous les deux !

BAZILE.

Il me manque en toute occaſion.

FIGARO.

C'eſt bien dit, ſi cela ſe pouvait !

BAZILE.

Diſant par-tout que je ne ſuis qu'un ſot.

FIGARO.

Vous me prenez donc pour un écho ?

BAZILE.

Tandis qu'il n'eſt pas un chanteur que mon talent n'ait fait briller.

FIGARO.

Brailler.

BAZILE.

Il le répète !

FIGARO.

Et pourquoi non, ſi cela eſt vrai ? es-tu un prince, pour qu'on te flagorne ? ſouffre la vérité, coquin ! puiſque tu n'as pas de quoi gratifier un menteur : ou ſi tu la crains de notre part, pourquoi viens-tu troubler nos noces ?

BAZILE, *à Marceline.*

M'avez-vous promis, oui ou non, si dans quatre ans vous n'étiez pas pourvue, de me donner la préférence ?

MARCELINE.

A quelle condition l'ai-je promis ?

BAZILE.

Que si vous retrouviez un certain fils perdu, je l'adopterais par complaisance.

Tous ensemble.

Il est trouvé.

BAZILE.

Qu'à cela ne tienne.

Tous ensemble, montrant Figaro.

Et le voici.

BAZILE, *reculant de frayeur.*

J'ai vu le diable !

BRID'OISON, *à Bazile.*

Et vou-ous renoncez à sa chère mère !

BAZILE.

Qu'y aurait-il de plus fâcheux que d'être cru le père d'un garnement ?

FIGARO.

D'en être cru le fils ; tu te moques de moi !

BAZILE, *montrant Figaro.*

Dès que Monsieur est de quelque chose ici, je déclare, moi, que je n'y suis plus de rien.

(Il sort.)

SCENE XI.

LES ACTEURS PRECEDENS, *excepté* BAZILE.

BARTHOLO, *riant.*

HA! ha! ha! ha!

FIGARO, *ſautant de joie.*

Donc à la fin j'aurai ma femme!

LE COMTE, *à part.*

Moi, ma maîtreſſe. (*Il ſe lève.*)

BRID'OISON, *à Marceline.*

Et tou-out le monde eſt ſatisfait.

LE COMTE,

Qu'on dreſſe les deux contrats; j'y ſignerai.

Tous enſemble.

Vivat! (*Ils ſortent.*)

LE COMTE.

J'ai beſoin d'une heure de retraite.

(*Il veut ſortir avec les autres.*)

SCENE XII.

GRIPE-SOLEIL, FIGARO, MARCELINE, LE COMTE.

GRIPE-SOLEIL, *à Figaro.*

ET moi, je vas aider à ranger le feu d'artifice ſous les grands maronniers, comme on l'a dit.

LE COMTE *revient en courant.*

Quel ſot à donné un tel ordre ?

FIGARO.

Où eſt le mal ?

LE COMTE, *vivement.*

Et la Comteſſe, qui eſt incommodée, d'où le verra-t-elle l'artifice ? c'eſt ſur la terraſſe qu'il le faut, vis-à-vis ſon appartement.

FIGARO.

Tu l'entends, Gripe-ſoleil ? la terraſſe.

LE COMTE.

Sous les grands maronniers ! belle idée ! (*en s'en allant, à part*) Ils allaient incendier mon rendez-vous !

SCENE XIII.

FIGARO, MARCELINE.

FIGARO.

QUEL excès d'attention pour sa femme! (*Il veut sortir.*)

MARCELINE *l'arrête.*

Deux mots, mon fils. Je veux m'acquitter avec toi: un sentiment mal dirigé m'avait rendue injuste envers ta charmante femme: je la supposais d'accord avec le Comte, quoique j'eusse appris de Bazile qu'elle l'avait toujours rebuté.

FIGARO.

Vous connaissiez mal votre fils, de le croire ébranlé par ces impulsions féminines. Je puis défier la plus rusée de m'en faire accroire.

MARCELINE.

Il est toujours heureux de le penser, mon fils; la jalousie....

FIGARO.

.... N'est qu'un sot enfant de l'orgueil, ou c'est la maladie d'un fou. Oh! j'ai là-dessus, ma mère, une philosophie.... imperturbable; et si Suzanne doit me tromper un jour, je lui pardonne d'avance; elle aura long-temps travaillé.... (*Il se retourne et aperçoit Fanchette qui cherche de côté et d'autre.*)

SCENE XIV.

FIGARO, FANCHETTE, MARCELINE.

FIGARO.

EEEH... ma petite coufine qui nous écoute !

FANCHETTE.

Oh! pour ça non : on dit que c'eft malhonnête.

FIGARO.

Il eft vrai ; mais comme cela eft utile, on fait aller fouvent l'un pour l'autre.

FANCHETTE.

Je regardais fi quelqu'un était là.

FIGARO.

Déjà diffimulée, friponne! vous favez bien qu'il n'y peut être.

FANCHETTE.

Et qui donc ?

FIGARO.

Chérubin.

FANCHETTE.

Ce n'eft pas lui que je cherche, car je fais fort bien où il eft ; c'eft ma coufine Suzanne.

FIGARO.

Et que lui veut ma petite coufine ?

FANCHETTE.

A vous, petit coufin, je le dirai.—C'eft... ce n'eft qu'une épingle que je veux lui remettre.

FIGARO, *vivement.*

Une épingle! une épingle!... et de quelle part, coquine? à votre âge vous faites déjà un mét... (*il se reprend, et dit d'un ton doux*) Vous faites déjà très-bien tout ce que vous entreprenez, Fanchette; et ma jolie cousine est si obligeante....

FANCHETTE.

A qui donc en a-t-il de se fâcher? je m'en vais.

FIGARO, *l'arrêtant.*

Non, non, je badine; tiens, ta petite épingle est celle que Monseigneur t'a dit de remettre à Suzanne, et qui servait à cacheter un petit papier qu'il tenait; tu vois que je suis au fait.

FANCHETTE.

Pourquoi donc le demander, quand vous le savez si bien?

FIGARO, *cherchant.*

C'est qu'il est assez gai de savoir comment Monseigneur s'y est pris pour t'en donner la commission.

FANCHETTE, *naïvement.*

Pas autrement que vous ne dites: *tiens, petite Fanchette, rends cette épingle à ta belle cousine, et dis-lui seulement que c'est le cachet des grands maronniers.*

FIGARO.

Des grands?...

FANCHETTE.

Maronniers. Il est vrai qu'il a ajouté: *prends garde que personne ne te voie.*

FIGARO.

Il faut obéir, ma cousine: heureusement personne ne vous a vue. Faites donc joliment votre commission; et n'en dites pas plus à Suzanne que Monseigneur n'a ordonné.

FANCHETTE.

Et pourquoi lui en dirais-je? il me prend pour un enfant, mon cousin. (*Elle sort en sautant.*)

SCENE XV.

FIGARO, MARCELINE.

FIGARO.

Hé bien, ma mère!

MARCELINE.

Hé bien, mon fils!

FIGARO, *comme étouffé.*

Pour celui-ci!... il y a réellement des choses!...

MARCELINE.

Il y a des choses! hé! qu'est-ce qu'il y a?

FIGARO, *les mains sur la poitrine.*

Ce que je viens d'entendre, ma mère, je l'ai là comme un plomb.

MARCELINE, *riant.*

Ce cœur plein d'assurance n'était donc qu'un ballon gonflé? une épingle a tout fait partir!

FIGARO *furieux.*

Mais cette épingle, ma mère, est celle qu'il a ramassée!...

MARCELINE, *rappelant ce qu'il a dit.*

La jalousie! oh, j'ai là-dessus, ma mère, une philosophie..... imperturbable; et si Suzanne m'attrape un jour, je le lui pardonne....

FIGARO, *vivement.*

Oh, ma mère! on parle comme on sent : mettez le plus glacé des juges à plaider dans sa propre cause, et voyez-le expliquer la loi! — Je ne m'étonne plus s'il avait tant d'humeur sur ce feu! — Pour la mignonne aux fines épingles, elle n'en est pas où elle le croit, ma mère, avec ses maronniers! si mon mariage est assez fait pour légitimer ma colère, en revanche, il ne l'est pas assez pour que je n'en puisse épouser une autre, et l'abandonner...

MARCELINE.

Bien conclu! abymons tout sur un soupçon. Qui t'a prouvé, dis-moi, que c'est toi qu'elle joue, et non le Comte? L'as-tu étudiée de nouveau, pour la condamner sans appel? sais-tu si elle se rendra sous les arbres, à quelle intention elle y va, ce qu'elle y dira, ce qu'elle y fera? je te croyais plus fort en jugement.

FIGARO, *lui baisant la main avec respect.*

Elle a raison, ma mère, elle a raison, raison, toujours raison! mais accordons, maman, quelque chose à la nature; on en vaut mieux après. Examinons en effet, avant d'accuser et d'agir. Je sais où est le rendez-vous. Adieu, ma mère.

(*Il sort.*)

SCENE XVI.

MARCELINE *seule.*

ADIEU : et moi aussi, je le sais. Après l'avoir arrêté, veillons sur les voies de Suzanne ; ou plutôt avertissons-la ; elle est si jolie créature ! Ah ! quand l'intérêt personnel ne nous arme pas les unes contre les autres, nous sommes toutes portées à soutenir notre pauvre sexe opprimé, contre ce fier, ce terrible.... (*en riant*) et pourtant un peu nigaud de sexe masculin.

(*Elle sort.*)

Fin du quatrième Acte.

ACTE

Dessiné par St Quentin ancien Pensionaire du Roy Gravé par Lienard

Ah, qu'est-ce que j'apperçois?

ACTE V.

Le théâtre représente une salle de maronniers, dans un parc ; deux pavillons, kiosques, ou temples de jardins, sont à droite et à gauche ; le fond est une clarière ornée, un siége de gazon sur le devant. Le théâtre est obscur.

SCENE PREMIERE.

FANCHETTE *seule, tenant d'une main deux biscuits et une orange, et de l'autre une lanterne de papier allumée.*

DANS le pavillon à gauche, a-t-il dit. C'est celui-ci : —s'il allait ne pas venir à présent ; mon petit rôle.... Ces vilaines gens de l'office qui ne voulaient pas seulement me donner une orange et deux biscuits ! — Pour qui, Mademoiselle ? — Hé bien, Monsieur ! c'est pour quelqu'un. — Oh ! nous savons ; — et quand ça serait ; parce que Monseigneur ne veut pas le voir, faut-il qu'il meure de faim ? — Tout ça pourtant m'a coûté un fier baiser sur la joue !.., que sait-on ? il me le rendra peut-être ! (*elle voit Figaro qui vient l'examiner ; elle fait un cri.*) Ah !... (*Elle s'enfuit, et elle entre dans le pavillon à sa gauche.*)

SCENE II.

FIGARO, *un grand manteau ſur les épaules, un large chapeau rabattu.* BAZILE, ANTONIO, BARTHOLO, BRID'OISON, GRIPE-SOLEIL, TROUPE DE VALETS ET DE TRAVAILLEURS.

FIGARO, *d'abord ſeul.*

C'EST Fanchette ! (*il parcourt des yeux les autres à meſure qu'ils arrivent, et dit d'un ton farouche :*) bon jour, Meſſieurs ; bon ſoir : êtes-vous tous ici ?

BAZILE.

Ceux que tu as preſſés d'y venir.

FIGARO.

Quelle heure eſt-il bien à peu-près ?

ANTONIO *regarde en l'air.*

La lune devrait être levée.

BARTHOLO.

Eh quels noirs apprêts fais-tu donc? Il a l'air d'un conſpirateur !

FIGARO, *s'agitant.*

N'eſt-ce pas pour une noce, je vous prie, que vous êtes raſſemblés au château ?

BRID'OISON.

Cè-ertainement.

ANTONIO.

Nous allions là bas dans le parc, attendre un ſignal pour ta fête.

FIGARO.

Vous n'irez pas plus loin, Messieurs ; c'est ici, sous ces maronniers, que nous devons tous célébrer l'honnête fiancée que j'épouse, & le loyal Seigneur qui se l'est destinée.

BAZILE, *se rappelant la journée.*

Ah ! vraiment je sais ce que c'est. Retirons-nous, si vous m'en croyez : il est question d'un rendez-vous : je vous conterai cela près d'ici.

BRID'OISON, *à Figaro.*

Nou-ous reviendrons.

FIGARO.

Quand vous m'entendrez appeler, ne manquez pas d'accourir tous, et dites du mal de Figaro, s'il ne vous fait voir une belle chose.

BARTHOLO.

Souviens-toi qu'un homme sage ne se fait point d'affaire avec les grands.

FIGARO.

Je m'en souviens.

BARTHOLO.

Qu'ils ont quinze et bisque sur nous, par leur état.

FIGARO.

Sans leur industrie, que vous oubliez. Mais souvenez-vous aussi que l'homme qu'on fait timide, est dans la dépendance de tous les fripons.

BARTHOLO.

Fort bien.

FIGARO.

Et que j'ai nom *de Verte-allure*, du chef honoré de ma mère.

BARTHOLO.

Il a le diable au corps.

BRID'OISON.

I-il l'a.

BAZILE, *à part.*

Le Comte et sa Suzanne se sont arrangés sans moi? Je ne suis pas fâché de l'algarade.

FIGARO, *aux Valets.*

Pour vous autres, coquins, à qui j'ai donné l'ordre, illuminez-moi ces entours; ou, par la mort que je voudrais tenir aux dents, si j'en saisis un par le bras....

(*Il secoue le bras de Gripe-Soleil.*)

GRIPE-SOLEIL *s'en va en criant et pleurant.*

Ah, ah, oh, oh! damné brutal!

BAZILE, *en s'en allant.*

Le ciel vous tienne en joie, monsieur du marié!

(*Ils sortent.*)

SCENE III.

FIGARO *seul, se promenant dans l'obscurité, dit du ton le plus sombre.*

O FEMME! femme! femme! créature faible et décevante!...: nul animal créé ne peut manquer à son instinct; le tien est-il donc de tromper?.... Après m'avoir obstinément refusé, quand je l'en pressais devant sa maîtresse; à l'instant qu'elle me donne sa parole; au milieu de la même cérémonie.... Il riait en lisant, le perfide! et moi, comme un benêt!.... non, monsieur le Comte, vous ne l'aurez pas.... vous ne l'aurez pas. Parce que vous êtes un grand seigneur, vous vous croyez un grand génie!.... noblesse, fortune, un rang, des places; tout cela rend si fier! qu'avez-vous fait pour tant de biens? vous vous êtes donné la peine de naître, et rien de plus: du reste homme assez ordinaire! tandis que moi, morbleu! perdu dans la foule obscure, il m'a fallu déployer plus de science et de calculs pour subsister seulement, qu'on n'en a mis depuis cent ans à gouverner toutes les Espagnes; et vous voulez joûter..... On vient.... c'est elle.... ce n'est personne.—La nuit est noire en diable, et me voilà fesant le sot métier de mari, quoique je ne le sois qu'à moitié! (*Il s'assied sur un banc*) Est-il rien de plus bizarre que ma destinée! fils de je ne sais pas qui, volé par des bandits, élevé dans leurs mœurs, je m'en dégoûte et veux courir une carrière honnête; et par-tout je suis repoussé! J'apprends la chimie, la pharmacie, la chirurgie; et tout le crédit d'un grand seigneur peut à peine me mettre à la main une lancette vétérinaire! — Las d'attrister des bêtes malades, et pour faire un métier contraire, je me jette à corps perdu dans le théâtre; me fussé-je mis une pierre au cou! Je broche une comédie dans les mœurs du sérail; auteur espagnol, je crois pouvoir y fronder Mahomet, sans scrupule: à l'instant, un envoyé..... de je ne sais où, se plaint que j'offense dans mes vers, la sublime Porte, la Perse, une partie de la Presqu'Isle de l'Inde, toute l'Egypte, les royaumes de Barca, de Tripoli, de Tunis, d'Alger et de Maroc: et voilà ma comédie flambée, pour plaire aux princes mahométans, dont pas un, je crois, ne sait lire, et qui nous meurtrissent l'omoplate, en nous disant: *Chiens de chrétiens!* — Ne pouvant avilir l'esprit, on se venge en le maltraitant. — Mes joues creusaient ; mon terme était échu : je voyais de loin arriver l'affreux recors, la plume fichée dans sa perruque ; en frémissant je m'évertue. Il s'élève une question sur la nature des richesses ; et, comme il n'est pas nécessaire de tenir les choses, pour en raisonner ; n'ayant pas un sou, j'écris sur la valeur de l'argent, et sur son produit net ; si-tôt je vois du fond d'un fiacre, baisser pour moi le pont d'un Château-fort, à l'entrée duquel je laissai l'espérance et la liberté. (*il se lève.*) Que je voudrais bien tenir un de ces Puissans de quatre jours ; si légers sur le mal qu'ils ordonnent ; quand une bonne disgrâce a cuvé son orgueil ! je lui dirais.... : que les sottises imprimées n'ont d'importance qu'aux lieux où l'on en gêne le cours ; que sans la liberté de blâmer, il n'est point d'éloge flatteur ; et qu'il n'y a que les petits hommes qui redoutent les petits écrits. — (*il se rassied.*) Las de nourrir un obscur pensionnaire, on me met un jour dans la rue ; et, comme il faut dîner ; quoiqu'on ne soit plus en prison, je taille encore ma plume, et demande à chacun de quoi il est question : on me dit que pendant ma retraite économique, il s'est établi dans Madrid un systême de liberté sur la vente des productions, qui s'étend même à celles de la presse ; et que, pourvu que je ne parle en mes écrits, ni de l'autorité, ni du culte, ni de la politique, ni de la morale, ni des gens en place, ni des corps en crédit, ni de l'opéra, ni des autres spectacles, ni de personne qui tienne à quelque chose, je puis tout imprimer librement, sous l'inspection de deux ou trois censeurs. Pour profiter de cette douce liberté, j'annonce un écrit périodique, et croyant n'aller sur les brisées d'aucun autre, je le nomme *Journal inutile.* Pou-ou ! je vois s'élever contre moi, mille pauvres diables à la feuille ; on me supprime ; et me voilà derechef sans emploi ! — Le désespoir m'allait saisir ; on pense à moi pour une place; mais par malheur j'y étais propre: il fallait un calculateur, ce fut un danseur qui l'obtint. Il ne me restait plus qu'à voler; je me fais banquier de Pharaon: alors, bonne gens! je soupe en ville, et les personnes dites *comme il faut*, m'ouvrent poliment leur maison, en retenant pour elles les trois quarts du profit. J'aurais bien pu me remonter; je commençais même à comprendre que pour gagner du bien, le savoir-faire vaut mieux que le savoir. Mais, comme chacun pillait autour de moi, en exigeant que je fusse honnête, il fallut bien périr encore. Pour le coup je quittais le monde, et vingt brasses d'eau m'en allaient séparer, lorsqu'un Dieu bienfesant m'appelle à mon premier état. Je reprends ma trousse et mon cuir anglais; puis, laissant la fumée aux sots qui s'en nourrissent, et la honte au milieu du chemin, comme trop lourde à un piéton, je vais rasant de ville en ville, et je vis enfin sans souci. Un grand seigneur passe à Séville; il me reconnaît, je le marie; et, pour prix d'avoir eu par mes soins son épouse, il veut intercepter la mienne! intrigue, orage à ce sujet. Prêt à tomber dans un abyme, au moment d'épouser ma mère, mes parens m'arrivent à la file. (*il se lève en s'échauffant.*) On se débat; c'est vous, c'est lui, c'est moi, c'est toi, non ce n'est pas nous, eh mais qui donc? (*il retombe assis.*) O bizarre suite d'événemens! Comment cela m'est-il arrivé? Pourquoi ces choses et non pas d'autres? qui les a fixées sur ma tête? Forcé de parcourir la route où je suis entré sans le savoir, comme j'en sortirai sans le vouloir, je l'ai jonchée d'autant de fleurs que ma gaieté me l'a permis; encore je dis ma gaieté, sans savoir si elle est à moi plus que le reste, ni même quel est ce *Moi* dont je m'occupe: un assemblage informe de parties inconnues; puis un chétif être imbécille; un petit animal folâtre; un jeune homme ardent au plaisir; ayant tous les goûts pour jouir; fesant tous les métiers pour vivre; maître ici, valet là, selon qu'il plaît à la fortune! ambitieux par vanité, laborieux par nécessité, mais paresseux... avec délices! orateur selon le danger, poëte par délassement, musicien par occasion, amoureux par folles bouffées, j'ai tout vu, tout fait, tout usé. Puis l'illusion s'est détruite; et trop désabusé..... désabusé!..... Suzon, Suzon, Suzon, que tu me donnes de tourmens! — J'entends marcher.... on vient. Voici l'instant de la crise.

(*Il se retire près de la première coulisse à sa droite.*)

SCENE IV.

FIGARO, LA COMTESSE *avec les habits de Suzon*, SUZANNE *avec ceux de la Comtesse*, MARCELINE.

SUZANNE, *bas, à la Comtesse.*

OUI, Marceline m'a dit que Figaro y serait.

MARCELINE.

Il y est aussi; baisse la voix.

SUZANNE.

Ainsi l'un nous écoute, et l'autre va venir me chercher; commençons.

MARCELINE.

Pour n'en pas perdre un mot, je vais me cacher dans le pavillon.

(*Elle entre dans le pavillon où est entrée Fanchette.*)

SCENE V.

FIGARO, LA COMTESSE, SUZANNE.

SUZANNE, *haut.*

MADAME tremble! est-ce qu'elle aurait froid?

LA COMTESSE, *haut.*

La soirée est humide, je vais me retirer.

SUZANNE, *haut.*

Si Madame n'avait pas besoin de moi, je prendrais l'air un moment sous ces arbres.

LA COMTESSE, *haut.*

C'est le serein que tu prendras.

SUZANNE, *haut.*

J'y suis toute faite.

FIGARO, *à part.*

Ah oui, le serein!

(*Suzanne se retire près de la coulisse, du côté opposé à Figaro.*)

SCENE VI.

FIGARO, CHERUBIN, LE COMTE, LA COMTESSE, SUZANNE.

Figaro et Suzanne retirés de chaque côté sur le devant.

CHERUBIN *en habit d'officier arrive en chantant gaiement la reprise de l'air de la romance.*

La, la, la, &c.

J'avais une marraine,
Que toujours adorai.

LA COMTESSE, *à part.*

Le petit Page!

CHERUBIN *s'arrête.*

On se promène ici; gagnons vîte mon asyle, où la petite Fanchette.... C'est une femme!

LA COMTESSE *écoute.*

Ah grands Dieux!

CHERUBIN *se baisse en regardant de loin.*

Me trompé-je? à cette coiffure en plumes qui se dessine au loin dans le crépuscule, il me semble que c'est Suzon.

LA COMTESSE, *à part.*

Si le comte arrivait!....

(*Le Comte paraît dans le fond.*)

CHERUBIN *s'approche et prend la main de la Comtesse, qui se défend.*

Oui, c'est la charmante fille qu'on nomme Suzanne: eh, pourrais-je m'y méprendre à la douceur de cette main, à ce petit tremblement qui l'a saisie, surtout au battement de mon cœur! (*Il veut y appuyer le dos de la main de la Comtesse; elle la retire.*)

LA COMTESSE, *bas.*

Allez-vous-en.

CHERUBIN.

Si la compassion t'avait conduite exprès dans cet endroit du parc, où je suis caché depuis tantôt?

LA COMTESSE.

Figaro va venir.

LE COMTE, *s'avançant, dit à part.*

N'est-ce pas Suzanne que j'aperçois?

CHERUBIN *à la Comtesse.*

Je ne crains point du tout Figaro, car ce n'est pas lui que tu attends.

LA COMTESSE.

Qui donc?

LE COMTE, *à part.*

Elle est avec quelqu'un.

CHERUBIN.

C'est Monseigneur, friponne, qui t'a demandé ce rendez-vous, ce matin, quand j'étais derrière le fauteuil.

LE COMTE, *à part avec fureur.*

C'est encore le Page infernal!

FIGARO, *à part.*

On dit qu'il ne faut pas écouter!

SUZANNE, *à part.*

Petit bavard!

LA COMTESSE, *au Page.*

Obligez-moi de vous retirer.

CHERUBIN.

Ce ne ſera pas au moins ſans avoir reçu le prix de mon obéiſſance.

LA COMTESSE *effrayée.*

Vous prétendez?....

CHERUBIN, *avec feu.*

D'abord vingt baiſers, pour ton compte, et puis cent, pour ta belle maîtreſſe.

LA COMTESSE.

Vous oſeriez?

CHERUBIN.

Oh que oui, j'oſerai; tu prends ſa place auprès de Monſeigneur; moi, celle du Comte auprès de toi: le plus attrapé, c'eſt Figaro.

FIGARO, *à part.*

Ce brigandeau!

SUZANNE, *à part.*

Hardi comme un page.

(*Chérubin veut embraſſer la Comteſſe.*)

(*Le Comte ſe met entre deux et reçoit le baiſer.*)

LA COMTESSE, *ſe retirant.*

Ah ciel!

FIGARO, *à part, entendant le baiſer.*

J'épouſais une jolie mignonne! (*Il écoute.*)

CHERUBIN, *tâtant les habits du Comte.*

(*à part.*) C'eſt Monſeigneur. (*il s'enſuit dans le pavillon où ſont entrées Fanchette et Marceline.*)

SCENE VII.

FIGARO, LE COMTE, LA COMTESSE, SUZANNE.

FIGARO *s'approche.*

JE vais....

LE COMTE, *croyant parler au Page.*

Puisque vous ne redoublez pas le baiser....

(*Il croit lui donner un soufflet.*)

FIGARO *qui est à portée, le reçoit.*

Ah!

LE COMTE.

.... Voilà toujours le premier payé.

FIGARO, *à part, s'éloigne en se frottant la joue.*

Tout n'est pas gain non plus en écoutant.

SUZANNE *riant tout haut, de l'autre côté.*

Ha, ha, ha, ha!

LE COMTE, *à la Comtesse qu'il prend pour Suzanne.*

Entend-on quelque chose à ce Page! il reçoit le plus rude soufflet, et s'enfuit en éclatant de rire.

FIGARO, *à part.*

S'il s'affligeait de celui-ci!....

LE COMTE.

Comment! je ne pourrai faire un pas.......... (*à la Comtesse*) mais laissons cette bizarrerie; elle empoisonnerait le plaisir que j'ai de te trouver dans cette salle.

LA COMTESSE, *imitant le parler de Suzanne.*

L'espériez-vous?

LE COMTE.

Après ton ingénieux billet.... (*Il lui prend la main.*) Tu trembles?

LA COMTESSE.

J'ai eu peur.

LE COMTE.

Ce n'est pas pour te priver du baiser, que je l'ai pris. (*Il la baise au front.*)

LA COMTESSE.

Des libertés!

FIGARO, *à part.*

Coquine!

SUZANNE, *à part.*

Charmante!

LE COMTE *prend la main de sa femme.*

Mais quelle peau fine et douce, et qu'il s'en faut que la Comtesse ait la main aussi belle!

LA COMTESSE, *à part.*

Oh! la prévention!

LE COMTE.

A-t-elle ce bras ferme et rondelet? ces jolis doigts pleins de grace et d'espiéglerie?

LA COMTESSE, *de la voix de Suzanne.*

Ainsi l'amour?....

LE COMTE.

L'amour.... n'est que le roman du cœur: c'est le plaisir qui en est l'histoire; il m'amène à tes genoux.

LA COMTESSE.

Vous ne l'aimez plus?

LE COMTE.

Je l'aime beaucoup; mais trois ans d'union, rendent l'hymen si respectable!

LA COMTESSE.

Que vouliez-vous en elle?

LE COMTE, *la caressant.*

Ce que je trouve en toi, ma beauté.....

LA COMTESSE.

Mais dites donc.

LE COMTE.

.... Je ne sais : moins d'uniformité peut-être; plus de piquant dans les manières; un je ne sais quoi qui fait le charme; quelquefois un refus, que sais-je? Nos femmes croient tout accomplir en nous aimant: cela dit une fois, elles nous aiment, nous aiment! (quand elles nous aiment) et sont si complaisantes, et si constamment obligeantes, et toujours, et sans relâche, qu'on est tout surpris un beau soir de trouver la satiété où l'on recherchait le bonheur.

LA COMTESSE, *à part.*

Ah! quelle leçon!

LE COMTE.

En vérité, Suzon, j'ai pensé mille fois que si nous poursuivions ailleurs ce plaisir qui nous fuit chez elles, c'est qu'elles n'étudient pas assez l'art de soutenir notre goût, de se renouveler à l'amour, de ranimer, pour ainsi dire, le charme de leur possession par celui de la variété.

LA COMTESSE *piquée.*

Donc elles doivent tout....

LE COMTE, *riant.*

Et l'homme rien ? changerons-nous la marche de la nature ? notre tâche, à nous, fut de les obtenir ; la leur...

LA COMTESSE.

La leur ?

LE COMTE.

Eſt de nous retenir : on l'oublie trop.

LA COMTESSE.

Ce ne ſera pas moi.

LE COMTE.

Ni moi.

FIGARO, *à part.*

Ni moi.

SUZANNE, *à part.*

Ni moi.

LE COMTE *prend la main de ſa femme.*

Il y a de l'écho ici ; parlons plus bas. Tu n'as nul beſoin d'y ſonger, toi que l'amour a faite et ſi vive et ſi jolie ! avec un grain de caprice tu ſeras la plus agaçante maîtreſſe ! (*il la baiſe au front*) Ma Suzanne, un Caſtillan n'a que ſa parole. Voici tout l'or promis pour le rachat du droit que je n'ai plus ſur le délicieux moment que tu m'accordes. Mais comme la grâce que tu daignes y mettre eſt ſans prix, j'y joindrai ce brillant, que tu porteras pour l'amour de moi.

LA COMTESSE, *une révérence.*

Suzanne accepte tout.

FIGARO, *à part.*

On n'eſt pas plus coquine que cela.

SUZANNE, *à part.*

Voilà du bon bien qui nous arrive.

LE COMTE, *à part.*

Elle est intéressée ; tant mieux.

LA COMTESSE *regarde au fond.*

Je vois des flambeaux.

LE COMTE.

Ce sont les apprêts de ta noce : entrons-nous un moment dans l'un de ces pavillons pour les laisser passer ?

LA COMTESSE.

Sans lumière ?

LE COMTE *l'entraîne doucement.*

A quoi bon ? nous n'avons rien à lire.

FIGARO, *à part.*

Elle y va, ma foi ! je m'en doutais. (*il s'avance.*)

LE COMTE *grossit sa voix en se retournant.*

Qui passe ici ?

FIGARO, *en colère.*

Passer ! on vient exprès.

LE COMTE, *bas à la Comtesse.*

C'est Figaro !... (*il s'enfuit.*)

LA COMTESSE.

Je vous suis.

(*Elle entre dans le pavillon à sa droite, pendant que le Comte se perd dans le bois, au fond.*)

SCENE VIII.

FIGARO; SUZANNE, *dans l'obſcurité.*

FIGARO *cherche à voir où vont le Comte, et la Comteſſe qu'il prend pour Suzanne.*

Je n'entends plus rien; ils ſont rentrés; m'y voilà. (*d'un ton altéré*) Vous autres époux mal-adroits, qui tenez des eſpions à gages, et tournez des mois entiers autour d'un ſoupçon, ſans l'aſſeoir; que ne m'imitez-vous? dès le premier jour je ſuis ma femme, et je l'écoute; en un tour de main on eſt au fait: c'eſt charmant, plus de doutes; on ſait à quoi s'en tenir. (*marchant vivement*) Heureuſement que je ne m'en ſoucie guère, et que ſa trahiſon ne me fait plus rien du tout. Je les tiens donc enfin.

SUZANNE, *qui s'eſt avancée doucement dans l'obſcurité.*

(*à part.*) Tu vas payer tes beaux ſoupçons. (*du ton de voix de la Comteſſe.*) Qui va là?

FIGARO, *extravagant.*

Qui va là? Celui qui voudrait de bon cœur que la peſte eût étouffé en naiſſant....

SUZANNE, *du ton de la Comteſſe.*

Eh! mais, c'eſt Figaro!

FIGARO *regarde, et dit vivement.*

Madame la Comteſſe!

SUZANNE.

Parlez bas.

FIGARO, *vîte.*

Ah! Madame, que le ciel vous amène à propos! où croyez-vous qu'eſt Monſeigneur?

SUZANNE.

Que m'importe ún ingrat? Dis-moi....

FIGARO, *plus vîte.*

Et Suzanne mon épousée, où croyez-vous qu'elle ſoit?

SUZANNE.

Mais parlez bas.

FIGARO, *très-vîte.*

Cette Suzon qu'on croyait ſi vertueuſe, qui feſait la réſervée! Ils ſont enfermés là-dedans. Je vais appeler.

SUZANNE, *lui fermant la bouche avec ſa main, oublie de déguiſer ſa voix.*

N'appelez pas.

FIGARO, *à part.*

Eh c'eſt Suzon! God-dam!

SUZANNE, *du ton de la Comteſſe.*

Vous paraiſſez inquiet.

FIGARO, *à part.*

Traîtreſſe! qui veut me ſurprendre!

SUZANNE.

Il faut nous venger, Figaro.

FIGARO.

En ſentez-vous le vif déſir?

SUZANNE.

Je ne ferais donc pas de mon ſexe! Mais les hommes en ont cent moyens.

FIGARO, *confidemment.*

Madame, il n'y a perſonne ici de trop, celui des femmes.... les vaut tous.

SUZANNE, *à part.*

Comme je le souffleterais!

FIGARO, *à part.*

Il serait bien gai qu'avant la noce!

SUZANNE.

Mais qu'est-ce qu'une telle vengeance, qu'un peu d'amour n'assaisonne pas?

FIGARO.

Par-tout où vous n'en voyez point, croyez que le respect dissimule.

SUZANNE, *piquée.*

Je ne sais si vous le pensez de bonne foi, mais vous ne le dites pas de bonne grace.

FIGARO, *avec une chaleur comique, à genoux.*

Ah! Madame, je vous adore. Examinez le temps, le lieu, les circonstances; et que le dépit supplée en vous, aux graces qui manquent à ma prière.

SUZANNE, *à part.*

La main me brûle.

FIGARO, *à part.*

Le cœur me bat.

SUZANNE.

Mais, Monsieur, avez-vous songé?...

FIGARO.

Oui, Madame, oui, j'ai songé.

SUZANNE.

.... Que pour la colère et l'amour....

FIGARO.

.... Tout ce qui se diffère est perdu. Votre main, Madame?

SUZANNE, *de sa voix naturelle, et lui donnant un soufflet.*

La voilà.

FIGARO.

Ah Demonio ! quel soufflet !

SUZANNE *lui en donne un second.*

Quel soufflet ! et celui-ci ?

FIGARO.

Et *ques-à-quo !* de par le diable ! est-ce ici la journée des tapes ?

SUZANNE *le bat à chaque phrase.*

Ah ! *ques-à-quo ?* Suzanne : voilà pour tes soupçons ; voilà pour tes vengeances et pour tes trahisons, tes expédiens, tes injures et tes projets. C'est-il çà de l'amour, dis donc comme ce matin ?

FIGARO *rit en se relevant.*

Santa barbara ! oui c'est de l'amour. O bonheur ! ô délices ! ô cent fois heureux Figaro ! frappe ma bien aimée, sans te lasser. Mais quand tu m'auras diapré tout le corps de meurtrissures, regarde avec bonté, Suzon, l'homme le plus fortuné, qui fut jamais battu par une femme.

SUZANNE.

Le plus fortuné ! bon fripon, vous n'en séduisiez pas moins la Comtesse, avec un si trompeur babil, que m'oubliant moi-même, en vérité, c'était pour elle que je cédais.

FIGARO.

Ai-je pu me méprendre, au son de ta jolie voix ?

SUZANNE, *en riant.*

Tu m'as reconnue ? Ah comme je m'en vengerai !

FIGARO.

Bien rosser et garder rancune, est aussi par trop féminin! Mais dis-moi donc par quel bonheur je te vois là, quand je te croyais avec lui; et comment cet habit, qui m'abusait, te montre enfin innocente....

SUZANNE.

Eh c'est toi qui es un innocent, de venir te prendre au piége apprêté pour un autre! Est-ce notre faute à nous, si voulant museler un renard, nous en attrapons deux?

FIGARO.

Qui donc prend l'autre?

SUZANNE.

Sa femme.

FIGARO.

Sa femme?

SUZANNE.

Sa femme.

FIGARO, *follement.*

Ah Figaro, pends-toi; tu n'as pas deviné celui-là! —Sa femme? O douze ou quinze mille fois spirituelles femelles! —Ainsi les baisers de cette salle?

SUZANNE.

Ont été donnés à Madame.

FIGARO.

Et celui du Page?

SUZANNE, *riant.*

A Monsieur.

FIGARO.

Et tantôt, derrière le fauteuil?

SUZANNE.

A personne.

FIGARO.

En êtes-vous sûre?

SUZANNE, *riant.*

Il pleut des soufflets, Figaro.

FIGARO *lui baise la main.*

Ce sont des bijoux que les tiens. Mais celui du Comte était de bonne guerre.

SUZANNE.

Allons, Superbe, humilie-toi.

FIGARO *fait tout ce qu'il annonce.*

Cela est juste; à genoux, bien courbé, prosterné, ventre à terre.

SUZANNE, *en riant.*

Ah! ce pauvre Comte! quelle peine il s'est donnée...

FIGARO *se relève sur ses genoux.*

... Pour faire la conquête de sa femme!

SCENE IX.

LE COMTE *entre par le fond du théâtre, et va droit au pavillon à sa droite.* FIGARO, SUZANNE.

LE COMTE, *à lui-même.*

JE la cherche en vain dans les bois, elle est peut-être entrée ici.

SUZANNE, *à Figaro, parlant bas.*

C'est lui.

LE COMTE, *ouvrant le pavillon.*

Suzon, es-tu là-dedans ?

FIGARO, *bas.*

Il la cherche, et moi je croyais....

SUZANNE, *bas.*

Il ne l'a pas reconnue.

FIGARO.

Achevons-le, veux-tu ? (*Il lui baise la main.*)

LE COMTE *se retourne.*

Un homme aux pieds de la Comteſſe!... Ah! je ſuis ſans armes. (*il s'avance.*)

FIGARO *ſe relève tout-à-fait en déguiſant ſa voix.*

Pardon, Madame, ſi je n'ai pas réfléchi que ce rendez-vous ordinaire était deſtiné pour la noce.

LE COMTE, *à part.*

C'eſt l'homme du cabinet de ce matin. (*il ſe frappe le front.*)

FIGARO *continue.*

Mais il ne ſera pas dit qu'un obſtacle auſſi ſot aura retardé nos plaiſirs.

LE COMTE, *à part.*

Maſſacre, mort, enfer !

FIGARO, *la conduiſant au cabinet.*

(*bas.*) Il jure. (*haut.*) Preſſons-nous donc, Madame, et réparons le tort qu'on nous a fait tantôt, quand j'ai ſauté par la fenêtre.

LE COMTE, *à part.*

Ah ! tout ſe découvre enfin.

SUZANNE, *près du pavillon à sa gauche.*

Avant d'entrer, voyez si personne n'a suivi. (*il la baise au front.*)

LE COMTE *s'écrie.*

Vengeance !

(*Suzanne s'enfuit dans le pavillon où sont entrés Fanchette, Marceline et Chérubin.*)

SCENE X.

LE COMTE, FIGARO.

(*Le Comte saisit le bras de Figaro.*)

FIGARO, *jouant la frayeur excèssive.*

C'EST mon maître.

LE COMTE *le reconnaît.*

Ah scélérat, c'est toi ! Holà, quelqu'un, quelqu'un !

SCENE XI.

PEDRILLE, LE COMTE, FIGARO.

PEDRILLE *botté.*

MONSEIGNEUR, je vous trouve enfin,

LE COMTE.

Bon, c'est Pédrille. Es-tu tout seul ?

PEDRILLE.

Arrivant de Séville à étripe cheval.

LE COMTE.

Approche-toi de moi, et crie bien fort.

PEDRILLE, *criant à tue tête.*

Pas plus de Page que ſur ma main. Voilà le paquet.

LE COMTE *le repouſſe.*

Eh, l'animal!

PEDRILLE.

Monſeigneur me dit de crier.

LE COMTE, *tenant toujours Figaro.*

Pour appeler.— Holà quelqu'un; ſi l'on m'entend, accourez tous!

PEDRILLE.

Figaro et moi, nous voilà deux; que peut-il donc vous arriver?

SCENE XII.

LES ACTEURS PRECEDENS, BRID'OISON, BARTHOLO, BAZILE, ANTONIO, GRIPE-SOLEIL, *toute la noce accourt avec des flambeaux.*

BARTHOLO, *à Figaro.*

Tu vois qu'à ton premier ſignal....

LE COMTE, *montrant le pavillon à ſa gauche.*

Pédrille, empare-toi de cette porte.

(*Pédrille y va.*)

BAZILE, *bas à Figaro.*

Tu l'as ſurpris avec Suzanne?

LE COMTE, *montrant Figaro.*

Et vous, tous mes vaſſaux, entourez-moi cet homme, et m'en répondez ſur la vie.

BAZILE.

Ha ! ha !

LE COMTE *furieux.*

Taisez-vous donc. (*à Figaro d'un ton glacé.*) Mon Cavalier, répondez-vous à mes questions ?

FIGARO, *froidement.*

Eh ! qui pourrait m'en exempter, Monseigneur ? Vous commandez à tout ici, hors à vous-même.

LE COMTE, *se contenant.*

Hors à moi-même !

ANTONIO.

C'est çà parler.

LE COMTE *reprend sa colère.*

Non, si quelque chose pouvait augmenter ma fureur ! ce serait l'air calme qu'il affecte.

FIGARO.

Sommes-nous des soldats qui tuent et se font tuer, pour des intérêts qu'ils ignorent ? je veux savoir, moi, pourquoi je me fâche.

LE COMTE *hors de lui.*

O rage ! (*se contenant.*) Homme de bien qui feignez d'ignorer ! Nous ferez-vous au moins la faveur de nous dire quelle est la dame actuellement par vous amenée dans ce pavillon ?

FIGARO, *montrant l'autre avec malice.*

Dans celui-là ?

LE COMTE, *vite.*

Dans celui-ci ?

FIGARO, *froidement.*

C'est différent. Une jeune personne qui m'honore de ses bontés particulières.

BAZILE *étonné.*

Ha, ha!

LE COMTE, *vîte.*

Vous l'entendez, Meſſieurs.

BARTHOLO *étonné.*

Nous l'entendons?

LE COMTE, *à Figaro.*

Et cette jeune perſonne a-t-elle un autre engagement que vous ſachiez?

FIGARO, *froidement.*

Je ſais qu'un grand ſeigneur s'en eſt occupé quelque temps; mais, ſoit qu'il l'ait négligée ou que je lui plaiſe mieux qu'un plus aimable, elle me donne aujourd'hui la préférence.

LE COMTE, *vivement.*

La préf.... (*ſe contenant.*) Au moins il eſt naïf! car ce qu'il avoue, Meſſieurs, je l'ai ouï, je vous jure, de la bouche même de ſa complice.

BRID'OISON *ſtupéfait.*

Sa-a complice!

LE COMTE *avec fureur.*

Or quand le déshonneur eſt public, il faut que la vengeance le ſoit auſſi.

(*Il entre dans le pavillon.*)

SCENE XIII.

TOUS LES ACTEURS PRECEDENS, *hors* LE COMTE.

ANTONIO.

C'EST juste.

BRID'OISON, *à Figaro.*

Qui-i donc a pris la femme de l'autre ?

FIGARO, *en riant.*

Aucun n'a eu cette joie là.

SCENE XIV.

LES ACTEURS PRECEDENS, LE COMTE, CHERUBIN.

LE COMTE *parlant dans le pavillon, et attirant quelqu'un qu'on ne voit pas encore.*

TOUS vos efforts sont inutiles ; vous êtes perdue, Madame ; et votre heure est bien arrivée ! (*il sort sans regarder.*) Quel bonheur qu'aucun gage d'une union aussi détestée !...

FIGARO *s'écrie.*

Chérubin !

LE COMTE.

Mon Page ?

BAZILE.

Ha, ha !

LE COMTE, *hors de lui.*

(*à part.*) Et toujours le Page endiablé ! (*à Chérubin.*) Que fesiez-vous dans ce sallon ?

CHERUBIN, *timidement.*

Je me cachais, comme vous l'avez ordonné.

PEDRILLE.

Bien la peine de crever un cheval!

LE COMTE.

Entres-y toi, Antonio; conduis devant son juge, l'infame qui m'a déshonoré.

BRID'OISON.

C'est Madame que vous y-y cherchez?

ANTONIO.

L'y a parguenne, une bonne Providence; vous en avez fait tant dans le pays....

LE COMTE *furieux.*

Entre donc.

(*Antonio entre.*)

SCENE XV.

LES ACTEURS PRECEDENS, *excepté* ANTONIO.

LE COMTE.

Vous allez voir, Messieurs, que le Page n'y était pas seul.

CHERUBIN, *timidement.*

Mon sort eût été trop cruel, si quelqu'ame sensible n'en eût adouci l'amertume.

SCENE XVI.

LES ACTEURS PRECEDENS, ANTONIO, FANCHETTE.

ANTONIO, *attirant par le bras quelqu'un qu'on ne voit pas encore.*

ALLONS, Madame, il ne faut pas vous faire prier pour en sortir, puisqu'on sait que vous y êtes entrée.

FIGARO *s'écrie.*

La petite cousine!

BAZILE.

Ha, ha!

LE COMTE.

Fanchette!

ANTONIO *se retourne et s'écrie.*

Ah palsembleu! Monseigneur, il est gaillard de me choisir pour montrer à la compagnie que c'est ma fille qui cause tout ce train-là!

LE COMTE, *outré.*

Qui la savait là-dedans?

(*Il veut rentrer.*)

BARTHOLO, *au-devant.*

Permettez, monsieur le Comte, ceci n'est pas plus clair. Je suis de sang froid, moi.

(*Il entre.*)

BRID'OISON.

Voilà une affaire au-aussi trop embrouillée.

SCENE XVII.

LES ACTEURS PRECEDENS, MARCELINE.

BARTHOLO, *parlant en dedans, et sortant.*

NE craignez rien, Madame, il ne vous sera fait aucun mal : j'en répons. (*il se retourne et s'écrie :*) Marceline!...

BAZILE.

Ha, ha!

FIGARO, *riant.*

Hé quelle folie! ma mère en est?

ANTONIO.

A qui pis fera.

LE COMTE, *outré.*

Que m'importe à moi? La Comtesse....

SCENE XVIII.

LES ACTEURS PRECEDENS, SUZANNE.

(*Suzanne, son éventail sur le visage.*)

LE COMTE.

.... AH! la voici qui sort. (*Il la prend violemment par le bras.*) Que croyez-vous, Messieurs, que mérite une odieuse....

(*Suzanne se jette à genoux, la tête baissée.*)

LE COMTE, *fort.*

Non, non.

(*Figaro se jette à genoux de l'autre côté.*)

LE COMTE, *plus fort.*

Non, non.

(*Marceline se jette à genoux devant lui.*)

LE

LE COMTE, *plus fort.*

Non, non.

(*Tous se mettent à genoux, excepté Brid'oison.*)

LE COMTE, *hors de lui.*

Y fussiez-vous un cent!

SCENE XIX *et dernière.*

TOUS LES ACTEURS PRECEDENS. LA COMTESSE *sort de l'autre pavillon.*

LA COMTESSE *se jette à genoux.*

Au moins je ferai nombre.

LE COMTE *regardant la Comtesse et Suzanne.*

Ah, qu'est-ce que je vois!

BRID'OISON, *riant.*

Eh pardi c'è-est Madame.

LE COMTE *veut relever la Comtesse.*

Quoi c'était vous, Comtesse? (*d'un ton suppliant.*) Il n'y a qu'un pardon bien généreux....

LA COMTESSE, *en riant.*

Vous diriez, *non, non*, à ma place; et moi pour la troisième fois d'aujourd'hui, je l'accorde sans condition. (*Elle se relève.*)

SUZANNE *se relève.*

Moi aussi.

MARCELINE *se relève.*

Moi aussi.

FIGARO *se relève.*

Moi aussi; il y a de l'écho ici! (*Tous se relèvent.*)

LE COMTE.

De l'écho! — J'ai voulu ruser avec eux; ils m'ont traité comme un enfant!

LA COMTESSE, *en riant.*

Ne le regrettez pas, monsieur le Comte.

FIGARO, *s'essuyant les genoux avec son chapeau.*

Une petite journée comme celle-ci, forme bien un ambassadeur!

LE COMTE, *à Suzanne.*

Ce billet fermé d'une épingle?....

SUZANNE.

C'est Madame qui l'avait dicté.

LE COMTE.

La réponse lui en est bien due.

(*Il baise la main de la Comtesse.*)

LA COMTESSE.

Chacun aura ce qui lui appartient.

(*Elle donne la bourse à Figaro et le diamant à Suzanne.*)

SUZANNE, *à Figaro.*

Encore une dot.

FIGARO, *frappant la bourse dans sa main.*

Et de trois. Celle-ci fut rude à arracher!

SUZANNE.

Comme notre mariage.

GRIPE-SOLEIL.

Et la jarretière de la mariée, l'aurons-je?

LA COMTESSE *arrache le ruban qu'elle a tant gardé dans son sein, et le jette à terre.*

La jarretière? Elle était avec ses habits; la voilà.

(*Les garçons de la noce veulent la ramasser.*)

CHERUBIN, *plus alerte, court la prendre et dit:*

Que celui qui la veut, vienne me la disputer.

LE COMTE *en riant, au Page.*

Pour un Monsieur si chatouilleux, qu'avez-vous trouvé de gai à certain soufflet de tantôt?

CHERUBIN *recule en tirant à moitié son épée.*

A moi, mon Colonel?

FIGARO, *avec une colère comique.*

C'est sur ma joue qu'il l'a reçu: voilà comme les grands font justice!

LE COMTE, *riant.*

C'est sur sa joue? ha, ha, ha, qu'en dites-vous donc, ma chère Comtesse?

LA COMTESSE *absorbée revient à elle, et dit avec sensibilité.*

Ah! oui, cher Comte, et pour la vie, sans distraction, je vous le jure.

LE COMTE, *frappant sur l'épaule du Juge.*

Et vous, Don-Brid'oison, votre avis maintenant?

BRID'OISON.

Su-ur tout ce que je vois, monsieur le Comte.... ma-a foi, pour moi je-e ne sais que vous dire: voilà ma façon de penser.

TOUS ENSEMBLE,

Bien jugé!

FIGARO.

J'étais pauvre, on me méprisait. J'ai montré quelque esprit, la haine est accourue. Une jolie femme et de la fortune.....

BARTHOLO, *en riant.*

Les cœurs vont te revenir en foule.

FIGARO.

Est-il possible ?

BARTHOLO.

Je les connais.

FIGARO, *saluant les Spectateurs.*

Ma femme et mon bien mis à part, tous me feront honneur et plaisir.

On joue la ritournelle du Vaudeville. (Air noté.)

VAUDEVILLE.

BAZILE.

PREMIER COUPLET.

Triple dot, femme superbe,
Que de biens pour un époux !
D'un Seigneur, d'un Page imberbe,
Quelque sot serait jaloux.
Du latin d'un vieux proverbe,
L'homme adroit fait son parti :

FIGARO.

Je le sais. . . . .

(*Il chante.*) *Gaudeant bene nati.*

BAZILE.

Non. . . . .

(*Il chante.*) *Gaudeat bene* nanti.

SUZANNE.

IIe COUPLET.

Qu'un mari sa foi trahisse,
Il s'en vante, et chacun rit ;
Que sa femme ait un caprice,
S'il l'accuse, on la punit.

De cette absurde injustice,
Faut-il dire le pourquoi ?
Les plus forts ont fait la loi. . . . . . . *bis.*

FIGARO.

IIIe COUPLET.

Jean-Jeannot, jaloux risible,
Veut unir femme et repos;
Il achète un chien terrible,
Et le lâche en son enclos.
La nuit, quel vacarme horrible !
Le chien court, tout est mordu,
Hors l'amant qui l'a vendu. . . . . . . *bis.*

LA COMTESSE.

IVe COUPLET.

Telle est fière et répond d'elle,
Qui n'aime plus son mari;
Telle autre presque infidelle,
Jure de n'aimer que lui.
La moins folle, hélas ! est celle
Qui se veille en son lien,
Sans oser jurer de rien. . . . . *bis.*

LE COMTE.

Ve COUPLET.

D'une femme de province,
A qui ses devoirs sont chers,
Le succès est assez mince;
Vive la femme aux bons airs !
Semblable à l'écu du prince,
Sous le coin d'un seul époux,
Elle sert au bien de tous. . . . . *bis.*

MARCELINE.

VIe COUPLET.

Chacun sait la tendre mère
Dont il a reçu le jour;

Tout le reste est un mystère,
C'est le secret de l'amour.

FIGARO *continue l'air.*

Ce secret met en lumière
Comment le fils d'un butor
Vaut souvent son pesant d'or. . . . . *bis.*

VIIe COUPLET.

Par le sort de la naissance,
L'un est roi, l'autre est berger;
Le hasard fit leur distance;
L'esprit seul peut tout changer.
De vingt rois que l'on encense
Le trépas brise l'autel;
Et Voltaire est immortel. . . . . . . *bis.*

CHERUBIN.

VIIIe COUPLET.

Sexe aimé, sexe volage,
Qui tourmentez nos beaux jours;
Si de vous chacun dit rage,
Chacun vous revient toujours.
Le parterre est votre image;
Tel paraît le dédaigner,
Qui fait tout pour le gagner. . . . . *bis.*

SUZANNE.

IXe COUPLET.

Si ce gai, ce fol ouvrage,
Renfermait quelque leçon,
En faveur du badinage,
Faites grace à la raison.
Ainsi la nature sage
Nous conduit, dans nos désirs,
A son but par les plaisirs. . . . . . . *bis.*

BRID'OISON.

Xe COUPLET.

Or, Messieurs, la co-omédie
Que l'on juge en cè-et instant,
Sauf erreur, nous pein-eint la vie
Du bon peuple qui l'entend.
Qu'on l'opprime, il peste, il crie,
Il s'agite en cent fa-açons;
Tout fini-it par des chansons. . . . . *bis.*

BALLET GENERAL.

Fin du cinquième et dernier Acte.

S'adresser, pour la musique de l'ouvrage, à M. BAUDRON, *chef d'orchestre du théâtre français.*

APPROBATIONS.

J'AI lu, par ordre de M. le Lieutenant de Police, la pièce intitulée : *La folle journée*, ou *le Mariage de Figaro* ; et je n'y ai rien trouvé qui m'ait paru devoir en empêcher l'impreſſion et la repréſentation. A Paris, ce vingt-huit février mil ſept cent quatre-vingt-quatre.

Signé, COQUELEY DE CHAUSSEPIERRE.

J'AI lu, par ordre de M. le Lieutenant général de Police, la pièce intitulée : *La folle journée*, ou *le Mariage de Figaro* ; et je n'y ai rien trouvé qui m'ait paru devoir en empêcher la repréſentation et l'impreſſion. A Paris, ce vingt-un mars mil ſept cent quatre-vingt-quatre.

Signé, BRET.

VU les approbations ; permis d'imprimer et repréſenter. A Paris, ce vingt-neuf mars mil ſept cent quatre-vingt-quatre.

Signé, LENOIR.

ERRATA.

PRÉFACE.

Page 9, *ligne* 8, ces fantômes, *lisez*, ses fantômes.

10, *ligne dernière*, n'existe, *lisez*, existe.

11, 2, les bons et les mauvais, *lisez*, bons et mauvais.

ibid. 24, ces grands coups, *lisez*, ses grands coups.

13, 9, de l'œil de bœuf ou des carrosses, *lisez*, de l'Œil-de-bœuf et des Carrosses.

26, 7, la coquette ou la coquine, *lisez*, la coquette ou coquine.

49, 6, espagnole, *lisez*, espagnol.

COMÉDIE.

Page 116, *ligne* 2, dans lesquels vous mêlerez, *lisez*, dans lesquels on mêlera.

175, 24, poursuivions, *lisez*, poursuivons.

178, 5, sont rentrés, *lisez*, sont entrés.

183, 23, les bois, *lisez*, le bois.

www.ingramcontent.com/pod-product-compliance
Lightning Source LLC
LaVergne TN
LVHW050511100826
845148LV00002B/300

9782012560444